Gerlinde Blahak

# Die kreative Zeichenschule

## Grundlagen, Techniken und Projekte für den differenzierten Kunstunterricht

## Die Autorin

**Gerlinde Blahak** ist Studienrätin mit den Fächern Englisch, Geschichte, Sozialkunde und Kunsterziehung. Sie hat an einer Realschule und einer Fachakademie für Sozialpädagogik gearbeitet und bereits mehrere Werke im Bereich Kunstpädagogik veröffentlicht.

Gedruckt auf umweltbewusst gefertigtem, chlorfrei gebleichtem und alterungsbeständigem Papier.

1. Auflage 2018


Grafik: Cover: Gerlinde Blahak, Rahmen S. 37: Mele Brink, alle weiteren Abbildungen: Gerlinde Blahak
Satz: Satzpunkt Ursula Ewert GmbH, Bayreuth

ISBN: 978-3-403-20238-7

www.persen.de

# Inhalt



**Kopfzeilenpiktos:**

Lehrerhinweis — Arbeitsblatt — Vorlage

# Vorwort

Zeichnen ist eine besondere Art zu sehen, zu erzählen, festzuhalten oder, wie Paul Klee sagt: „Zeichnen ist die Kunst, Striche spazieren zu führen."

Zeichen auf ein Blatt Papier zu setzen, ist eine grundlegende menschliche Tätigkeit: Schon kleine Kinder tun das in ihrer sogenannten „Kritzelphase". Für Erwachsene hat das Zeichnen eher die Funktion, die Wahrnehmung der Umwelt künstlerisch zu beschreiben und darzustellen. Künstlern dient vor allem das Skizzieren als visuelle Kurzschrift zur Vorbereitung eines autonomen Kunstwerks.

Mithilfe dieses Buches sollen Schülern[1] grundlegende Fertigkeiten und Strategien vermittelt werden, um Ideen und Geschichten rüberzubringen:

- Obwohl als Werkzeug alles infrage kommt, was Spuren hinterlässt, liegt der Schwerpunkt auf einfachen Zeichenwerkzeugen, wie Bleistift, Filzstift oder Pinsel, die unkompliziert und preiswert sind.
- Durch Verzicht auf Farbigkeit und die Beschränkung auf „klassische", einfarbige Zeichenmaterialien in Schwarz-Weiß können sich die Schüler auf Linienführung und Komposition konzentrieren. Darüber hinaus lässt sich jede Zeichnung als Erweiterung natürlich auch mit Bunt- und Filzstiften ausführen und durch farbige Schraffuren akzentuieren.
- Die Schüler lernen Verfahren und Begriffe wie Überschneidung, Schraffur oder Perspektive kennen und setzen sie kreativ und wirkungsvoll ein.
- Kurzbeschreibungen und Lösungsvorschläge ermöglichen es der Lehrkraft, sich schnell einen ersten Eindruck von dem Projekt zu verschaffen.
- Mithilfe von gezielten Hinweisen und detaillierten Kopiervorlagen kann die Lehrkraft unkompliziert in den Unterricht einsteigen sowie die Unterrichtsziele verdeutlichen.
- Jedes der vier Kapitel hält zwei Hauptprojekte bereit. Zu Beginn eines jeden Hauptprojektes werden in Übungsaufgaben spezielle Grundkenntnisse vermittelt, die im jeweiligen Projekt angewandt werden. Weitere zwei *Zusatzprojekte* bieten die Möglichkeit, die in diesem Bereich erworbenen Kompetenzen gezielt zu erweitern und zu vertiefen. Hier können ggf. wieder die Übungsseiten der vorigen Projekte herangezogen werden.
- Schülergerechte Themen, die in allen Jahrgangsstufen der Sekundarstufe I relevant sind, erhöhen die Motivation und fördern die kreative Ideenfindung.
- Überdies ermöglichen für die Schüler erstellte Arbeitsblätter auch ein eigenständiges Arbeiten der Lerngruppe sowohl in Einzel- als auch in Gemeinschaftsarbeit.
- Die kreative Zeichenschule richtet sich dank ihres übersichtlichen Aufbaus und detaillierter Anleitungen nicht nur an Kunsterzieher, sondern auch an fachfremd Unterrichtende und Quereinsteiger, die den Bereich „Zeichnen" kompetent angehen wollen.

Das Hauptanliegen des Buches ist es, Methoden- und Sachkompetenzen mit jeder Aufgabe so zu erweitern, dass die Schüler anschließend in der Lage sind, erfolgreich und eigenständig kreative Zeichnungen zu entwickeln.

*Gerlinde Blahak*

[1] Wir sprechen hier wegen der besseren Lesbarkeit von Schülern bzw. Lehrern in der verallgemeinernden Form. Selbstverständlich sind auch alle Schülerinnen und Lehrerinnen gemeint.

# Werkzeuge und Material

Zeichenwerkzeuge sind im Grunde alle Instrumente, die auf einer Fläche Spuren hinterlassen. Da dieses Buch ganz einfache, grundlegende Dinge für das Gelingen von Zeichnungen vermitteln will, werden auch an Material und Werkzeuge keine komplizierten Anforderungen gestellt. Es genügt, je nach Aufgabe, folgende Werkzeuge bereitzuhalten:

## Bleistifte (z. B. HB, 2B, 4B):

Es gibt sie als Satz und man kann mit ein paar Strichproben ihre unterschiedliche Weichheit und Schwarzfärbung kennenlernen. Man verwendet sie für Skizzen, aber auch als eigenständiges Zeichenwerkzeug, mit dem sich neben präzisen Linien durch „Schummern" auch flächige Grauwerte erzeugen lassen.

## Schwarze Filzstifte:

Es gibt sie in verschiedenen Stärken. Man kann mit ihnen unmittelbar zeichnen, aber auch Bleistiftzeichnungen prägnanter und geeigneter zum Kopieren machen, indem man Entwurfslinien nachfährt.

## Tintenroller:

Je nach Strichstärke ergeben Zeichenlinien Effekte, die einem Tinten- oder Tuschestift ähneln und somit ein guter Ersatz dafür sind. Zudem kann man sie mit klarem Wasser und Pinsel überarbeiten, sodass Schattenzonen und graue Flächen entstehen (Lavieren).

## Zeichenkohle:

Sie wird aus Weidenholzstäbchen gewonnen und ermöglicht auch bei sehr leichten Strichen noch sehr dunkle Linien und lässt sich leicht verwischen.

## Pinsel (Nr. 3–6):

Mit der Spitze oder Breitseite eines Haarpinsels lassen sich, je nach Druck, sehr individuelle Tuschespuren auf das Papier bringen. Tusche lässt sich preisgünstig durch schwarze Farbe aus dem Malkasten ersetzen.

## Radiergummi:

Sehr weiche Radiergummis (z. B. Knetgummis) sind zu bevorzugen, da sie unerwünschte Bleistiftspuren beseitigen, ohne das Papier allzu sehr aufzurauen.

## Papier:

Für den Großteil der hier vorgestellten Aufgaben genügt normales Zeichenpapier (DIN A4 / DIN A3). Für Tuschezeichnungen (Pinsel, Tintenroller) sollte es etwas kräftiger sein (z. B. 125 g/m$^2$). Glattes Papier hat den Vorteil, dass man detaillierter und mit feineren Umrissen zeichnen kann, raues Papier lässt die Linien etwas gebrochen wirken. Je kleiner die Zeichnung ist, desto glatter sollte das Papier sein.

# Übung: Proportionen eines Gesichts

## Gesicht in Vorderansicht

Orientiere dich für ein Standardgesicht an den Hinweisen auf der Zeichenvorlage.

Gesichtsform:
Gehe von einem Oval oder einer Eiform aus.
Im Bereich der Stirn kann das Oval etwas breiter sein, im Bereich des Kinns etwas schmaler zulaufen. Bei Jungen/Männern wird die Kinnpartie eckig gezeichnet.

Hilfslinien:
Zeichne zwei Hilfslinien ein: eine senkrechte und eine waagerechte jeweils in der Mitte des Gesichtsovals, sodass ein Kreuz entsteht.

Markierungen:
Teile die untere Gesichtshälfte in fünf gleich große Abschnitte ein. Dazu setzt du entlang der senkrechten Hilfslinie vier Markierungen.
Teile die obere Hälfte in drei gleiche Teile (zwei Markierungen).

## Gesichtszüge und Details

Augen:
Die Pupillen sitzen auf der waagerechten Hilfslinie (3). Zeichne jeweils eine Iris ein. Die Augenform und -größe wird durch die Lider bestimmt, die den Augapfel oben und unten etwas überdecken. Wimpern am oberen Augenrand sind länger als am unteren.

Brauen:
Zeichne als Nächstes die Brauen, die du zwischen Markierung 2 und 3 anlegst.

Nase:
Die Nasenspitze liegt bei Markierung 5. Zeichne sie als kleine Rundung mit Nasenflügeln daneben. Den Nasenrücken kannst du mit zwei leicht schräg verlaufenden Linien andeuten. In der Vorlage ist nur die rechte Seite angedeutet, verfahre auf der linken Seite genauso.

Mund:
Die Mitte des Mundes liegt bei Markierung 6. Zeichne Ober- und Unterlippe hinzu.
*Tipp:* Die äußeren Augenwinkel bilden mit der Mitte der Oberlippe die Eckpunkte für ein gleichschenkliges Dreieck.

Haare:
Bei Markierung 1 liegt der Haaransatz. Lege über die Umrisslinie des Kopfes oben und seitlich die Konturen der Frisur fest: Locken, Strähnen, Zöpfe, Ponyfransen …

Ohren:
Zeichne sie seitlich am Kopf zwischen Brauen (2) und Nasenspitze (5) ein.

Hals und Schultern:
Skizziere unterhalb des Kinns den Halsansatz.
*Tipp:* Zeichne den Hals nicht zu schmal und nicht zu lang. Die Schultern werden nur ansatzweise gezeichnet und meist nicht mehr auf das Blatt passen.

# Übung: Proportionen eines Gesichts, Vorlage

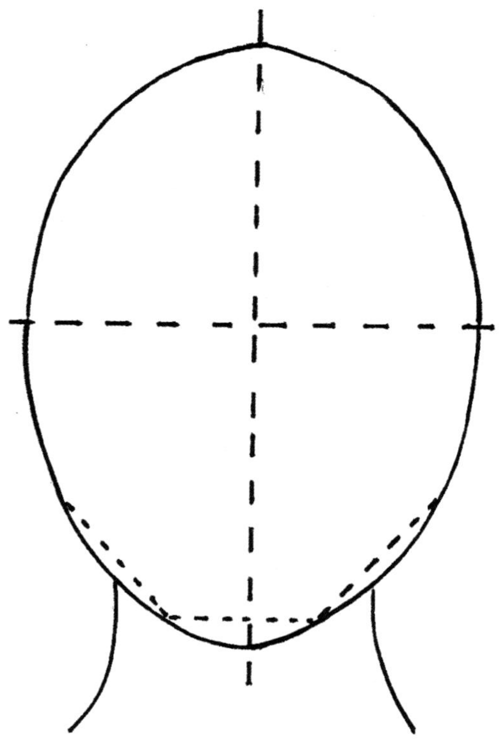

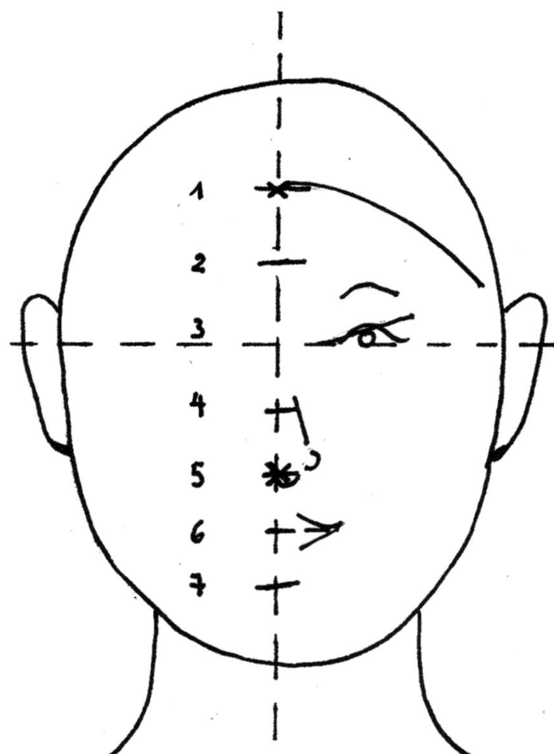

# Übung: Gesichtsausdrücke

Beginne beim Zeichnen von Gesichtsausdrücken (Mimik) mit einfachen Formen:

- Gesichtsoval
- Gesichtszüge nach der Formel „Punkt, Punkt, Komma, Strich"

Gemütsveränderungen spiegeln sich beim Zeichnen wider, indem du die Lage, Größe und Form der einzelnen Züge veränderst und weitere Details wie Haare hinzufügst.

**a) Brauen**

**b) Münder**

**c) Augen**

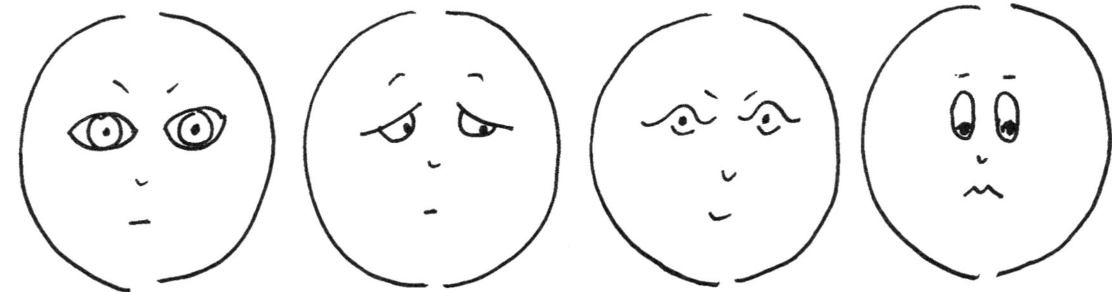

**d) Gesicht und Frisur**

# Projekt 1: Charakterkopf mit Mustern

## Kurzbeschreibung

Die Schüler entwerfen mit Bleistift anhand der Zeichenhilfe ein Porträt in Vorderansicht, dessen Linien sie mit dem Pinsel und schwarzer Farbe zeichnerisch bearbeiten. Zum Schluss gestalten sie die Gesichtsfläche mit schwarzen Filzstiften grafisch aus.

## Jahrgangsstufe

5–10

## Zeitaufwand

4 Unterrichtsstunden

## Lernziele

1. Methodenkompetenz: Linearer Aufbau eines Gesichts und dessen individuelle Ausprägungen, Muster und Strukturen als flächenfüllende Elemente
2. Sachkompetenz: Einsatz von verschiedenen Zeichenwerkzeugen in Kombination
3. Lernkompetenz: Genaue Umsetzung von Vorgaben, Ideenfindung

## Hinweise

1. Regen Sie an, dass die Schüler sich anhand der Übungsaufgabe 1 (Proportionen eines Gesichts) neben beliebigen Charakterköpfen auch an einem Selbstporträt versuchen können. Dazu sollten sie die eigenen Gesichtszüge mithilfe eines Handspiegels genau beobachten.
   *Tipp:* Stellen Sie sich selbst als Modell zur Verfügung.
2. Weisen Sie darauf hin, dass die Pinselzeichnung mit schwarzer Farbe aus dem Malkasten oder Tusche ausgeführt werden kann.
3. Achten Sie darauf, dass die Schüler für die Musterideen einen feinzeichnenden schwarzen Filzstift verwenden.
4. Machen Sie von der Pinselzeichnung (Phase 1) Kopien, damit die Schüler verschiedene Ideen erproben können.
5. Präsentieren Sie zum Schluss die Vorzeichnung (Phase 1) zusammen mit der Lösung (Phase 2).
6. Variante: Die Schüler ziehen die Linien der Vorzeichnung mit dickerem schwarzem Filzstift nach.

# Projekt 1: Charakterkopf mit Mustern

## Material

Vorlage (Übung: Proportionen eines Gesichts), weißes Zeichenpapier (DIN A3), Bleistift, Radiergummi, Lineal, spitzer Pinsel (Nr. 3–6), schwarze Malkastenfarbe/Tusche, Wassergefäß, schwarzer Filzstift (feinzeichnend)

## Anleitung

### Vorüberlegung

Entscheide, ob du einen beliebigen Kopf (männlich oder weiblich) entwerfen oder ein Selbstporträt versuchen willst. Dazu solltest du deine Gesichtszüge in einem Handspiegel überprüfen. Die Lösung wird in jedem Fall ein ausdrucksvoller Charakterkopf sein.

### 1. Entwurfsskizze

a) Orientiere dich an den Schritten der Zeichenanleitung aus der Übung zu den Proportionen eines Gesichts.

b) Lege weißes Zeichenpapier in DIN A3 senkrecht vor dich und zeichne ein Gesichtsoval, das die Blattmitte gut ausfüllt. Schräge das Oval zum Kinn hin etwas ab oder gib dem Gesicht kantige Umrisse.

c) Unterteile die Gesichtsfläche mittig mit einer senkrechten und waagerechten Hilfslinie.

d) Augen

- Die Pupillen liegen auf der waagerechten Hilfslinie.
- Größe und Abstand können variieren.
- Die äußeren Augenwinkel können nach oben oder unten zeigen.
- Die Lider bedecken die Iris zum Teil.
- Die Brauen bestimmen sehr stark den Gesichtsausdruck: Sie folgen der Augenform, zeigen nach oben oder unten, sind dünn oder buschig …

e) Nase

- Der Nasenrücken liegt in der Mitte des Gesichts und wird als schmale Fläche gezeichnet.
- Neben der Nasenspitze (Kopiervorlage Punkt 5) deutest du Nasenflügel an: groß, breit, zart, mit Nasenlöchern …

f) Mund

- Lege die Mitte des Mundes (Kopiervorlage Punkt 6) so an, dass noch genügend Platz für das Kinn bleibt.
- Zeichne schmale oder wulstige Lippen ein.
- Beachte auch, dass die Richtung, in die die Mundwinkel weisen, den Gesichtsausdruck bestimmt.

g) Haare

- Überlege, welche Frisur du gestalten willst: Scheitel, Band oder Haarklammern, Locken oder glatte Haare, Pferdeschwanz oder Pony, Strähnen oder Bürstenschnitt, straff nach hinten gekämmt oder über die Schultern fallend, die Ohren bedeckend …
- Beachte aber immer, wo der Haaransatz liegt (Kopiervorlage Punkt 1) und dass du über die Umrisslinie hinauszeichnen musst.
- Versuche, die Haare als einzelne Flächen (Strähnen) zu sehen, die sich überlappen und eventuell in einem kleinen Schwung enden.

h) Ohren

- Zeichne sie als kleine gerundete Formen.
- Setze sie seitlich im Bereich zwischen Augenwinkel und Nasenspitze an.

Radiere zum Schluss alle Hilfslinien weg, die nicht mehr gebraucht werden.

## 2. Ausgestaltung

Pinselzeichnung: Ziehe alle Linien der Vorzeichnung mit einem Pinsel (Nr. 3–6) und schwarzer Farbe nach. Verwende Farbe aus dem Malkasten mit wenig Wasser oder Tusche. Zeichne mit der Pinselspitze, nimm häufig Farbe auf und setze immer wieder neu an.

Grafische Ausarbeitung (mit schwarzem Filzstift): Erfinde beliebige Muster (Kreise, Punkte, Striche, Zickzacklinien, Spiralen …) und kombiniere sie miteinander. Fülle damit kleinere Binnenflächen (z. B. Lider, Lippen, Haarsträhnen) und lockere auch größere Partien auf.

*Tipp:* Du kannst manche Flächen unbearbeitet lassen oder mit den Mustern Schattenzonen erzeugen.

# Projekt 1: Charakterkopf mit Mustern

**Phase 1:**
**Kombination aus Vorzeichnung und Pinselzeichnung**

**Phase 2:**
**Grafische Ausarbeitung der Pinselzeichnung**

# 1 Übung: Ganze Figuren – Körperproportionen

## Regel 1:

Gehe beim Zeichnen einer Figur von dem Grundgerüst eines Strichmännchens aus.

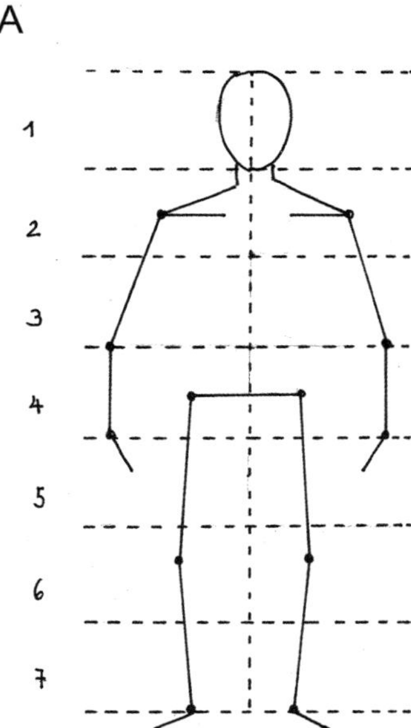


## Regel 2:

Die Höhe des Kopfes bestimmt als Grundeinheit die Länge des Körpers. Als Faustregel gilt: Die Körperlänge entspricht der siebenfachen Höhe des Kopfes (siehe Zeichnung A 1–7).

## Regel 3:

Die Arme (vom Schultergelenk bis zu den Fingerspitzen) reichen bis zur Mitte des Oberschenkels (siehe Zeichnung A 4 und 5).

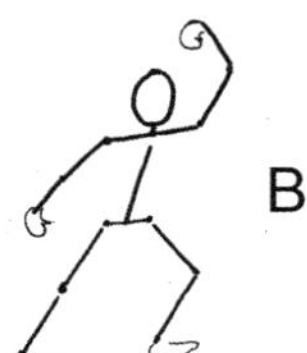


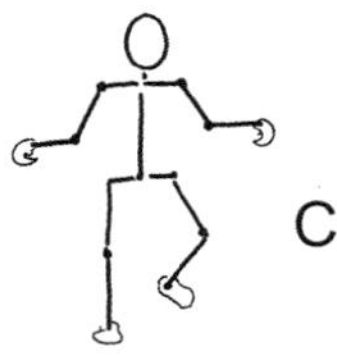


## Regel 4:

Wenn du eine Figur in Bewegung gestalten willst, knicke z. B. Arme oder Beine an den Gelenkpunkten des Strichmännchens ab (siehe Zeichnungen B–D).

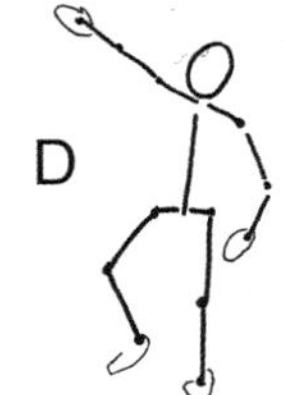

## Regel 5:

Wenn du eine sehr gezielte Bewegung darstellen willst, zeichne die Bewegungsrichtung zuerst als Pfeil und ergänze die Körperteile später (siehe Zeichnung E).

## Regel 6:

Zeichne das Körpervolumen sowie Kleidungsstücke und Gesichtszüge um das Hilfsgerüst herum als Letztes ein (siehe Zeichnung F).

# Projekt 2: Fototermin

## Kurzbeschreibung

Die Schüler zeichnen eine Gruppe von Personen, die in verschiedenen Haltungen vor einer Kamera posieren.

## Jahrgangsstufe

5–10

## Zeitaufwand

3 Unterrichtsstunden

## Lernziele

1. Methodenkompetenz: Grundgerüst für das Zeichnen von Figuren, Ausgestaltung von Flächen, Staffelung
2. Sachkompetenz: Einsatz von Bleistift/Fineliner

## Hinweise

1. Steigen Sie in die Unterrichtseinheit ein, indem Sie im Klassenverband besprechen, zu welchen Anlässen (professionelle) Fotos von Personengruppen gemacht werden: Familienfoto, Hochzeit, Modeaufnahmen, Werbespots, Siegerehrungen usw. Unterstützend können Sie auch einige relevante Fotos auf Folie zeigen.
2. Weisen Sie darauf hin, dass die Personen in verschiedenen Haltungen gezeigt werden sollen.
3. Besprechen Sie im Vorfeld die Hinweise zum Figurenzeichnen (Übung: Ganze Figuren – Körperproportionen).
4. Erläutern Sie außerdem, dass die untere Seitenhälfte für eine Kamera mit Stativ reserviert werden soll, um den Stand-/Blickpunkt des Fotografen zu verdeutlichen.
5. Die Aufgabe wird als Bleistiftzeichnung angelegt, kann aber auch zusätzlich mit schwarzem Fineliner ausgeführt werden.

# Projekt 2: Fototermin

**Material**
weißes Zeichenpapier (DIN A4), Lineal, Bleistift, Radiergummi, ggf. Filzstift oder Fineliner

## Anleitung

### 1. Figurengruppe

a) Überlege zunächst, welche Figuren du bei einem Fototermin darstellen willst. Beispiele: Fotomodels, Familie, Siegerehrung, Werbespot usw.

b) Nimm dein Zeichenblatt (DIN A4) senkrecht und teile es mit Lineal und Bleistift waagerecht in zwei Hälften. Ziehe im Abstand von 1 cm darunter eine weitere Linie, um die Standfläche für die Personen festzulegen.

c) Stelle mindestens drei Personen in einer Bleistiftzeichnung dar. Orientiere dich an den Zeichenhinweisen aus der Übung „Ganze Figuren – Körperproportionen".

- Zeige die Figuren in unterschiedlichen Haltungen: sitzend, stehend, tanzend, laufend ...
- Sie können neben- oder hintereinander platziert werden.
- Entwirf verschiedene Kleidungsstücke und erfinde dafür Muster.
- Füge Accessoires hinzu: Taschen, Hüte, Stühle, Sofas, Blumenkübel ...
- Verziere die „Bodenplatte" mit Mustern.
- Zeichne mit dem Lineal im Abstand von 2 cm von der Bodenplatte in die obere Hälfte eine weitere Linie, die als Raumkante hinter den Figuren verläuft.

### 2. Fertigstellen

Zeichne in die untere Hälfte des Blattes eine Kamera, die auf die Personengruppe gerichtet ist (ca. 2,5 cm × 2 cm). Sie ist auf einem Stativ befestigt. Der Fotograf ist nicht zu sehen. Die restliche Hintergrundfläche bleibt unbearbeitet.

*Tipps*

- Ziehe, wenn noch Zeit bleibt, mit schwarzem feinzeichnendem Filzstift oder Fineliner alle Linien nach.
- Gestalte die Personengruppe mit Buntstiften aus.

## Kurzbeschreibung

Die Schüler entwerfen eine Reihe von Gesichtern mit unterschiedlicher Mimik, wie man sie auf einem Schulhof während der Pause antreffen könnte. Sie arbeiten mit Bleistift und Filzstift und lassen in Gruppenarbeit ein Wimmelbild entstehen.

## Jahrgangsstufe

5–10

## Zeitaufwand

4 Unterrichtsstunden

## Lernziele

1. Methodenkompetenz: Darstellung von Mimik durch die grafischen Elemente Linie und Punkt, Bildkomposition durch Ballung und Streuung, Karikaturen
2. Sachkompetenz: Unterschiedlicher Einsatz von Bleistift und Filzstift
3. Soziale Kompetenz: Einzel- und Gruppenarbeit

## Hinweise

1. Steigen Sie in die Unterrichtseinheit ein, indem Sie den Lösungsvorschlag auf Folie zeigen und die Schüler die einzelnen Gesichtsausdrücke deuten lassen.
2. Besprechen Sie am besten im Anschluss das Übungsblatt zu Gesichtsausdrücken aus Projekt 1, welches das zeichnerische Vorgehen erläutert.
3. Weisen Sie darauf hin, dass die Gesichter auf den Schülerlösungen comichafte Züge tragen dürfen.
4. Zeigen Sie die Kopiervorlage für den Bildaufbau als Folie.
5. Achten Sie darauf, dass die Schüler das Bild zunächst als Einzelarbeit beginnen, aber dann in einem zweiten Schritt in Gruppenarbeit die Ideen der anderen Teammitglieder aufnehmen.
6. *Tipp:* Regen Sie an, das Gesicht eines Lehrers als Aufsichtsperson in das Bild zu integrieren.
7. Die Schüler können bei geringem Zeitlimit auch gleich die Gesichtsschablonen auf der Kopiervorlage weiter ausarbeiten.

# Projekt 3: Große Pause

**Material**
Vorlage (Große Pause), weißes Zeichenpapier (DIN A4), weicher Bleistift (z. B. 2B), Radiergummi, schwarzer Filzstift (feinzeichnend), Lineal

## Anleitung

### 1. Vorbereitung

*Vorbemerkungen zum Wimmelbild*

- Bildet Gruppen mit drei oder vier Mitgliedern.
- Legt den Bildaufbau auf eurem Blatt in Einzelarbeit fest und gestaltet einige Gesichter zunächst selbst, bevor ihr euer Blatt an die anderen Gruppenmitglieder zur weiteren Bearbeitung weiterreicht.
- Zur endgültigen Fertigstellung erhält jedes Teammitglied sein ursprüngliches Blatt zurück.

*Gesichtsschablonen:*

a) Nimm ein Zeichenblatt (DIN A4) waagerecht und ziehe mit Lineal und Bleistift am unteren Blattrand etwa in Linealbreite eine Linie. Die entstandene schmale Fläche deutet die Mauer des Schulhofs an, hinter der sich alles abspielt.

b) Zeichne nun mit Bleistift Gesichtsovale auf die übrige Fläche. Beachte dabei folgende Hinweise:

- Zeichne links oder rechts ein größeres Oval, das den Lehrer darstellen wird, der die Aufsicht führt.
- Entwirf Kopfumrisse, die eng beieinanderliegen oder sich überschneiden (Gruppen). Einige Köpfe stehen auch einzeln in der Fläche.
- Lass ein paar Köpfe über den Mauerrand schauen. Sie sind nur halb zu sehen.
- Zeichne noch keine Einzelheiten, sondern lege nur die Verteilung der Gesichter fest.

## 2. Ausarbeitung

Schritt 1 (Einzel- und Gruppenarbeit):

Arbeite nun mit Bleistift fünf bis sechs Köpfe aus:

a) Zeichne Augen, Augenbrauen, Nasen und Münder ein und achte darauf, dass immer ein anderer Gesichtsausdruck entsteht (mürrisch, lachend, freundlich, rufend, erstaunt usw.).

b) Achte besonders darauf, verschiedene Frisuren und Kopfbedeckungen zu zeichnen.

c) Gestalte auch einige Gesichter, die im Profil zu sehen sind.

d) Lass dich dabei von den Vorschlägen auf dem Übungsblatt zu Gesichtsausdrücken anregen.

e) Füge einen kurzen Hals oder eine Schulterpartie (mit Kragen oder Ausschnitt) hinzu.

f) Reiche deine Arbeit an ein anderes Gruppenmitglied weiter, das jetzt seine Ideen einbringen kann (zwei bis drei Gesichter).

g) Du erhältst dafür das Blatt eines anderen Teammitglieds zur weiteren Ausgestaltung.

h) Wiederholt diesen Vorgang, bis alle in der Gruppe einige Köpfe auf den Blättern der anderen ausgestaltet haben und dein Blatt wieder bei dir gelandet ist.

Schritt 2 (Einzelarbeit):

a) Ziehe alle Bleistiftlinien der Vorzeichnung, die du erhalten willst, mit feinzeichnendem schwarzem Filzstift nach. Entferne alle anderen Linien mit dem Radiergummi.

b) Nimm einen weichen Bleistift, lege die Spitze mit der breiten Seite auf das Papier und schummere die freien Flächen zwischen den Köpfen in einem Grauton, sodass sich die Gesichter deutlich vom Untergrund abheben.

c) Bringe auf der Mauerfläche mit Lineal und schwarzem Filzstift einige kurze, parallele Striche an, um Mauersteine anzudeuten und schraffiere diese auch in Grau.

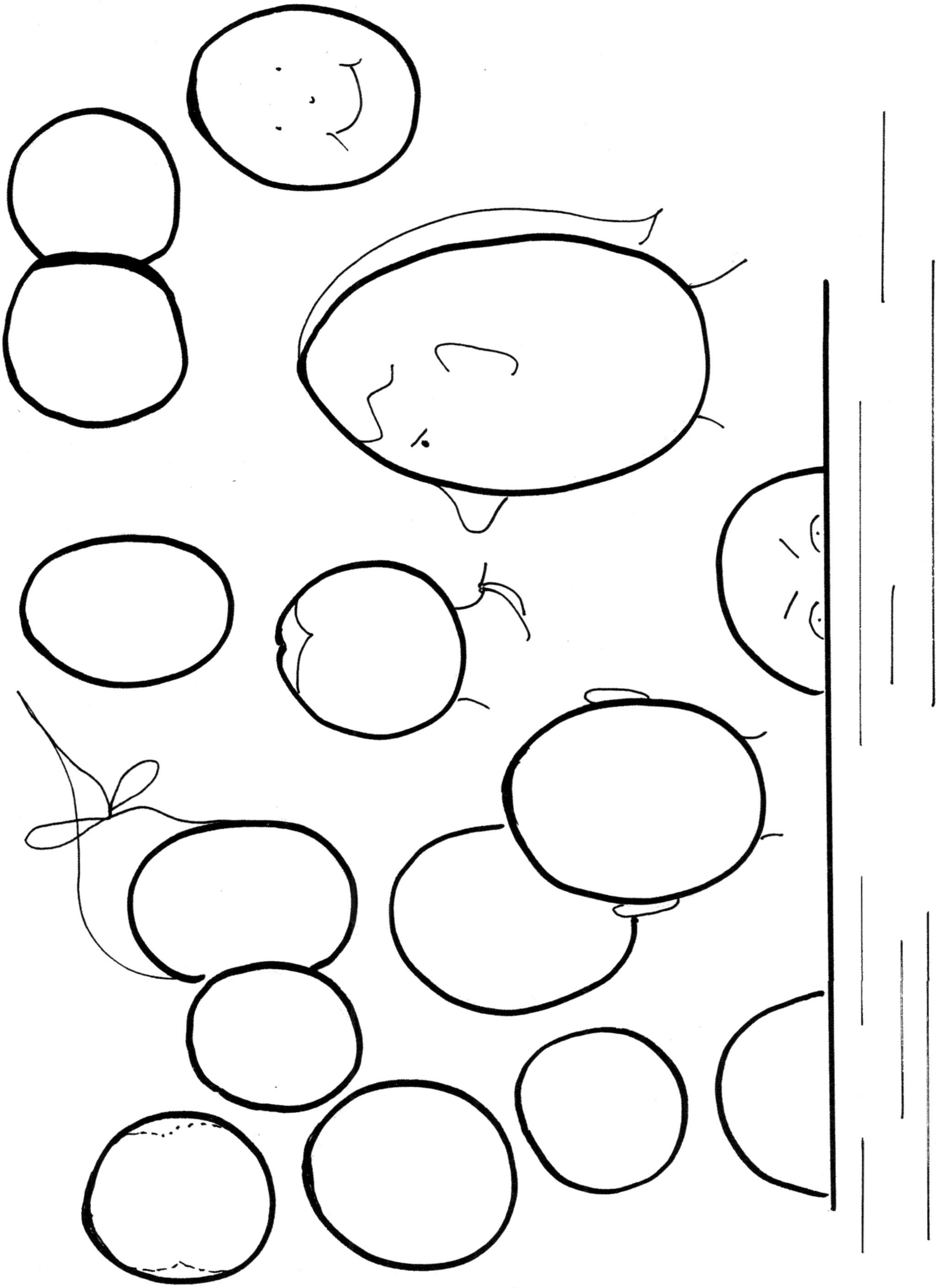

# Projekt 3, Vorlage: Große Pause

# 1 Projekt 4: Beine in Eile

## Kurzbeschreibung

Die Schüler zeichnen verschiedene Beinpaare, die sich, hintereinander gestaffelt, in Eile über die Bildfläche bewegen. Sie unterscheiden sich durch differenziertes Schuhwerk, gemusterte Kleidungsstücke sowie unterschiedlich ausgeprägte Bewegungsabläufe.

## Jahrgangsstufe

5–10

## Zeitaufwand

4 Unterrichtsstunden

## Lernziele

1. Methodenkompetenz: Proportionen und Bewegungsabläufe bei Beinen, Perspektive durch Staffelung, Differenzierung von Flächen durch Muster, Bildkomposition, Einsatz von Schablonen
2. Sachkompetenz: Lineares Zeichnen mit Bleistift und Filzstift
3. Lernkompetenz: Ideenfindung

## Hinweise

1. Beginnen Sie die Unterrichtseinheit, indem Sie den Lösungsvorschlag als Folie zeigen. Erläutern Sie, dass nur die Beine von Personen dargestellt werden sollen (Objektanschnitt), die sich eilig bewegen.
2. Setzen Sie die Übung „Ganze Figuren“ sowie die Tipps auf der Zeichenhilfe ein, um die Proportionen der Beine zu verdeutlichen.
3. Achten Sie darauf, dass die Schüler unterschiedliche Beinpaare kreieren und mit Mustern und Strukturen ausgestalten, sodass sie sich deutlich voneinander abheben.
4. Lassen Sie die Schüler Schuhschablonen aus Fotokarton herstellen, um jeweils identische Schuhpaare zu erhalten.
5. *Tipp:* Regen Sie auch an, dass die Schüler im Hintergrund Handtaschen, Blumentöpfe und andere Gegenstände in das Bild einbauen.

# Projekt 4: Beine in Eile

**Material**
Zeichenhilfe (Beine in Eile), weißes Zeichenpapier (DIN A3), Fotokarton (ca. 10 cm × 10 cm), Bleistift, Radiergummi, Schere, Lineal, schwarzer Filzstift (feinzeichnend)

## Anleitung

### 1. Schuhschablonen

a) Entwirf mit Bleistift auf einem Fotokartonrest drei bis vier unterschiedliche Schuhmodelle: Stiefel, Sneakers, Sandalen, Pumps usw. (ca. 9 cm × 8 cm).

b) Schneide sie aus.

c) Nimm weißes Zeichenpapier (DIN A3) waagerecht und platziere die Schablonen in der unteren Bildhälfte. Überlege, wohin Spitze und Sohle zeigen, wenn eiliges Ausschreiten dargestellt werden soll. Verwende jede Schablone zweimal (für zwei Beine!).

d) Ziehe die Umrisse noch einmal mit dem Bleistift nach.

### 2. Beine in Bewegung

a) Lege nun die Richtung der Beine fest: Zeichne von der Fersenpartie ausgehend mit Lineal und Bleistift Hilfslinien und beachte, dass der Abstand von Ferse bis zum Knie etwa genau so lang ist wie der vom Knie zur Hüfte (Unter- und Oberschenkel).

b) Zeichne Gelenkpunkte ein und orientiere dich an den Vorschlägen auf der Zeichenhilfe.

c) Achte darauf, dass die Beine hintereinanderliegen und beim Schreiten in verschiedene Richtungen laufen.

d) Überlege, welches Beinpaar in den Vordergrund treten soll.

e) Zeichne um die Hilfslinien herum weite oder eng anliegende Kleidungsstücke.

f) Füge an den seitlichen Blatträndern Beine hinzu, die von den Rändern abgeschnitten werden.

g) Fülle Leerstellen im Hintergrund mit (nur teilweise sichtbaren) Gegenständen: Taschen, Tüten, Blumentöpfe usw.

h) Entferne mit dem Radiergummi alle Bleistiftlinien, die du nicht mehr brauchst.

i) Ziehe alle Linien der Vorzeichnung mit feinzeichnendem schwarzem Filzstift nach.

j) Gestalte nun die einzelnen Flächen mit originellen Mustern aus: Streifen, Karos, Strickbündchen, Aufnähern, Tattoos, Löchern, Schuhbändern, dicken Sohlen, Nähten …

k) Achte besonders darauf, dass sich Beinpaare im Vordergrund deutlich durch gemusterte Partien und sich überschneidende Umrisslinien voneinander abheben.

l) Lege zum Schluss eine Straßenkante im Hintergrund des Bildes an: Zeichne mit dem Lineal ungefähr im Abstand von 12 cm vom unteren Blattrand eine Linie, die hinter den Beinen und Gegenständen verläuft.

m) Strukturiere diese Fläche zusätzlich durch weitere kurze, parallele Linien.

# 1 Projekt 4, Zeichenhilfe: Beine in Eile

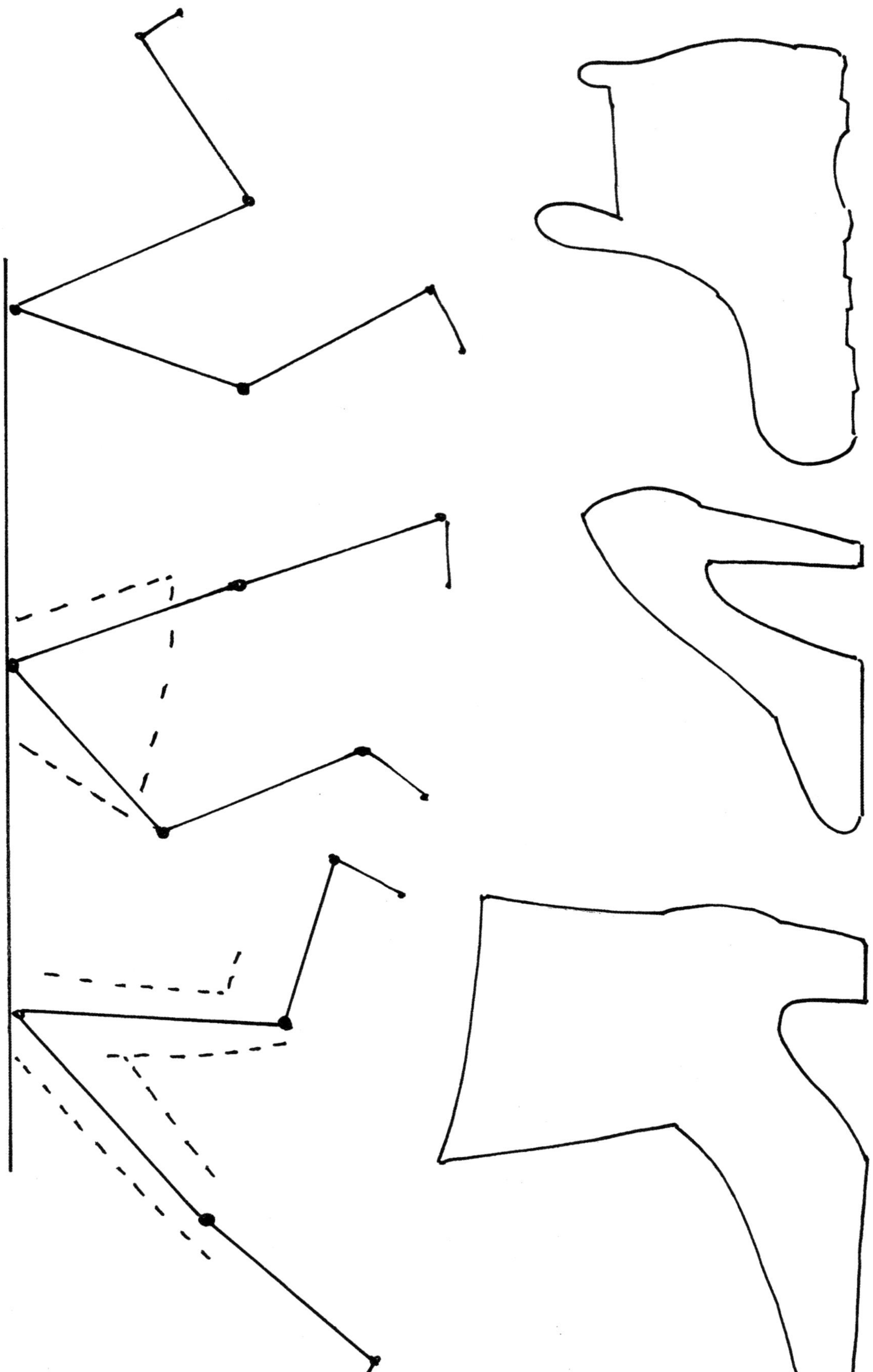

# 2 Übung: Tiergesichter

Tiergesichter lassen sich auf einzelne Grundformen reduzieren und aus ihnen entwickeln. Orientiere dich an den Abbildungen.

*Zeichentipps:*

a) Überlege, ob du den Tierkopf in Vorder- oder Seitenansicht darstellen willst.

b) Füge den Ausgangsformen charakteristische Details hinzu: Augen, Mähne, Ohren, Maul, Hörner, Schnabel, Nüstern ...

c) Verändere die Außenkonturen der Grundformen (siehe gestrichelte Linien).

d) Deute z. B. Fell, Federn oder Schuppen an.

e) Kreiere statt farbiger Partien grafische Hell-dunkel-Effekte (Linienverdichtung, Schraffuren, Punkte ...).

**Beispiele Halbkreis/Kreissegment**

Katze
Dackel
Papagei

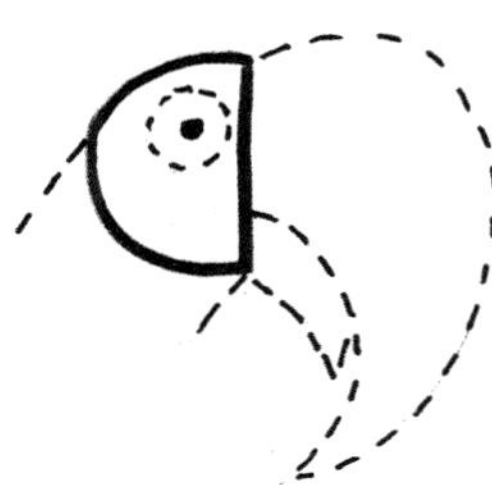

**Beispiele Rechteck**

Kuh
Tiger
Dogge

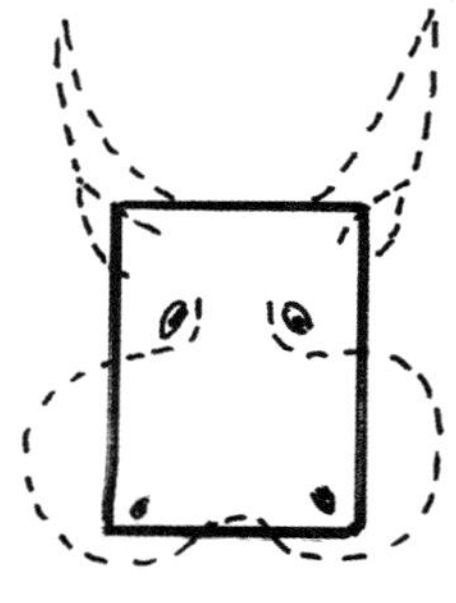
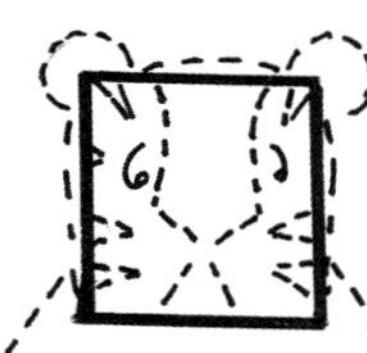
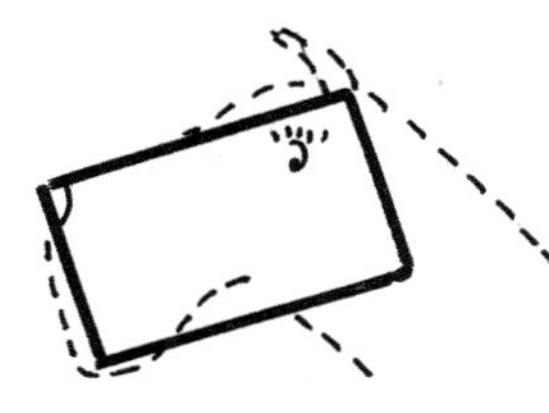

**Beispiele Kreis/Oval**

Pferd
Affe
Löwe
Schaf

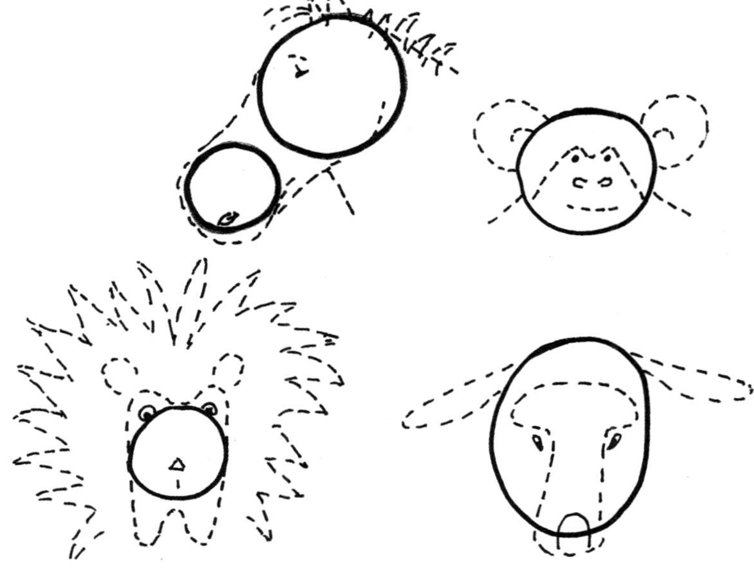

2 Tiere zeichnen

# 2 Übung: Tierkörper

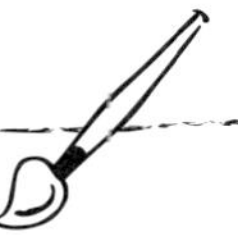

Tierkörper lassen sich aus geometrischen Grundformen (Kreis, Rechteck) und charakteristischen Umrisslinien entwickeln. Orientiere dich an den unten stehenden Vorschlägen.

*Zeichentipps:*

a) Beginne mit einer Linie, die den typischen Körperumriss des jeweiligen Tieres schon prägnant andeutet (siehe kräftige schwarze Linien bei den Vorschlägen).

b) Ergänze Beine, Kopf, Schwanz, Schnabel usw. erst in einem weiteren Schritt. Gehe dabei wieder von Grundformen aus, die du dann kombinierst und anpasst (abrunden, verlängern, verkleinern …).

## Beispiele Oval/Kreis

Katze (liegend)

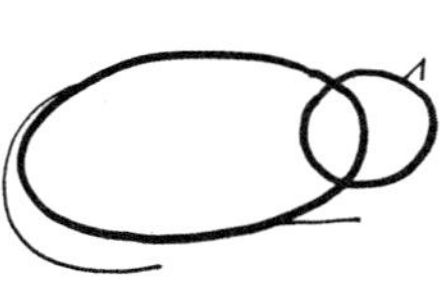

Henne

Eule

Krebs

## Beispiele Kreisbogen

Eisbär

Katze (stehend)

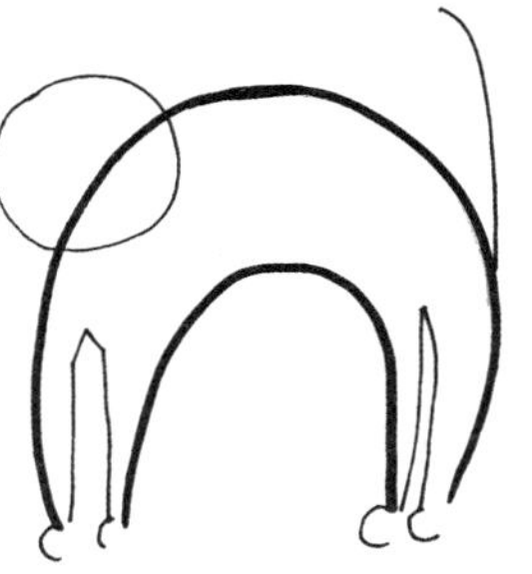

Lama

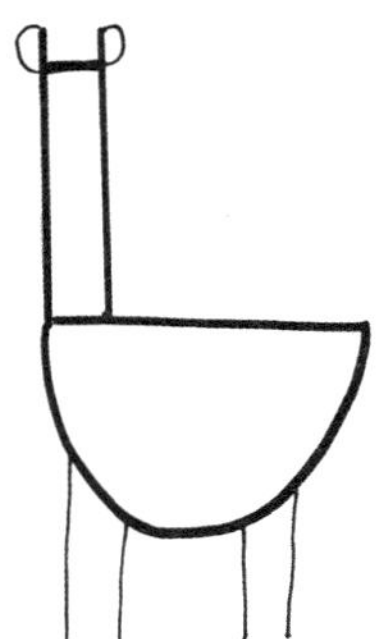

Affe

Elefant Tukan Hase

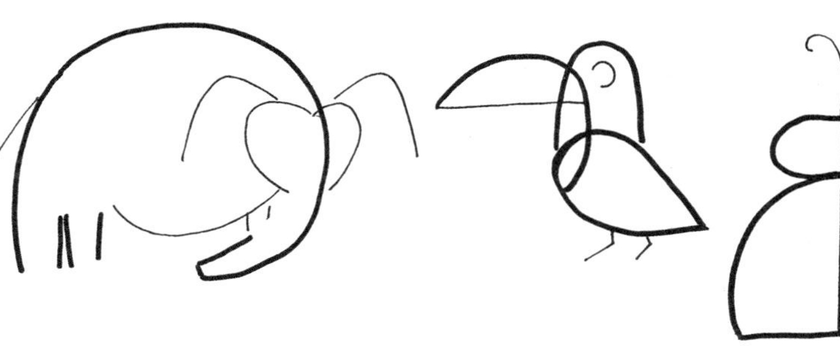

Krokodil

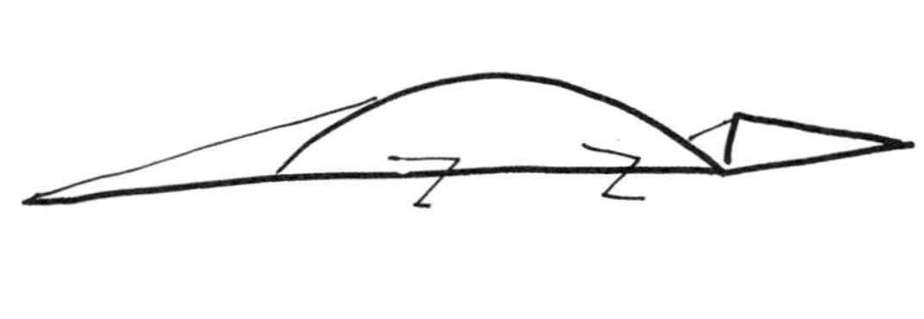



Gerlinde Blahak: Die kreative Zeichenschule

# 2 Übung: Tierkörper

## Beispiele geschwungene Linien

Pferd

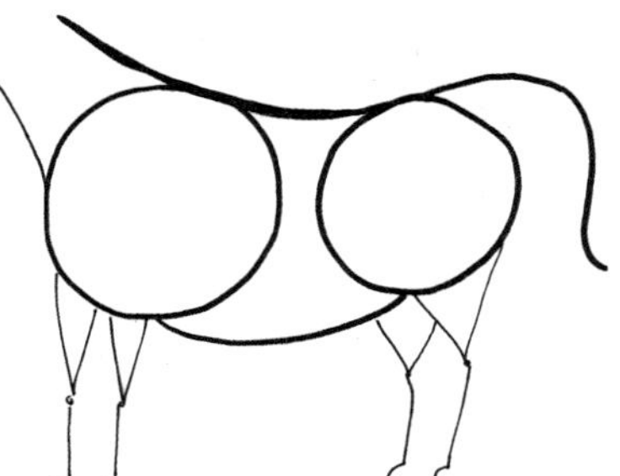

Känguru

Hai

## Beispiele Rechteck

Nashorn Zebra Seelöwe Kuh

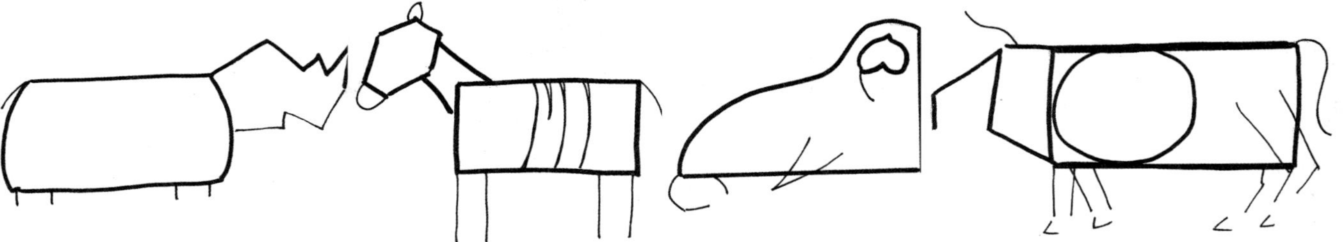

## Beispiele Spirale/S-Form

Chamäleon

Hund (sitzend)

Reiher

# Projekt 1: Tiermosaik

## Kurzbeschreibung

Die Schüler stellen Tiere ihrer Wahl zeichnerisch dar. Dabei stützen sie sich auf die Vorschläge aus den vorangegangenen Tierübungen oder gestalten eigene Motive. Sie arbeiten mit Bleistift und Filzstift auf Papier (DIN A5), schneiden die Lösungen aus und arrangieren sie in Gemeinschaftsarbeit zu einem mosaikartigen Wandbild.

## Jahrgangsstufe

5–10

## Zeitaufwand

2 Doppelstunden

## Lernziele

1. Methodenkompetenz: Zeichnerische Konstruktion von Tiermotiven aus Grundformen, Arrangieren von Ergebnissen auf einer Fläche mithilfe von Tonpapier (Wandbild)
2. Sachkompetenz: Umgang mit Bleistift und feinzeichnendem Filzstift sowie Schere, Papierschneidemaschine und Lineal
3. Soziale Kompetenz: Gemeinschaftliches Erarbeiten eines Wandbildes aus Einzellösungen

## Hinweise

1. Teilen Sie zu Beginn die Übungsblätter aus, damit sich die Schüler über Vorgehensweise und Tiermotive informieren können.
2. Regen Sie an, bei den gewünschten zwei Motiven mindestens ein Motiv komplett selbst zu gestalten (Hinweise siehe Schülerblatt).
3. Legen Sie fest, dass die Schüler auf Zeichenblättern in DIN A5 (und kleiner) arbeiten sollen.
4. Setzen Sie für die Herstellung der Trennstege des Wandbildes aus schwarzem Tonpapier ein Papierschneidegerät ein, welches Sie, besonders bei jüngeren Schülern, am besten selbst bedienen sollten.
5. Wählen Sie für den Hintergrund Fotokarton in einer zurückhaltenden Farbe, z. B. Grau, um die grafische Wirkung des Wandbildes zu unterstreichen.
6. Die Gemeinschaftsarbeit ist für eine Gruppe von ca. 20 Mitgliedern berechnet.
7. Variante: Die Schüler verwenden die Lösungsmotive (Kopien) zur Dekoration von Karten oder Registerblättern.

# Projekt 1: Tiermosaik

**Material**
weißes Zeichenpapier (DIN A4), Bleistift, Radiergummi, feinzeichnender schwarzer Filzstift, Schere, Klebestift, schwarzes Tonpapier (DIN A3), grauer Fotokarton (DIN A2)

## Anleitung

### 1. Tiere zeichnen (Einzelarbeit)

a) Teile Zeichenpapier (DIN A4) mit Bleistift und Lineal in zwei gleiche Hälften.

b) Entwirf auf jeder Hälfte mit Bleistift ein beliebiges Tier.

c) Beachte folgende Tipps:

- Beginne mit einer charakteristischen Grundform oder Linie. Ziehe dafür die Vorschläge auf den Übungsseiten zurate.
- Überlege, ob der Kopf des Tieres im Profil gezeigt werden soll oder ob er frontal den Betrachter anblickt.
- Je nach Größe des Tieres kannst du die Blattfläche voll oder auch nur teilweise ausnutzen.

d) Es ist auch möglich, zwei Tiere (auch derselben Rasse) neben- oder hintereinander zu staffeln.

e) Folgende Ideen und Tipps zu möglichen Grundformen können dir helfen:

- Eichhörnchen: Kreise
- Hahn: Kreise
- Schwan: S-Form
- Delfin: geschwungene Linie
- Seepferdchen: S-Form
- Pfau: Kreise
- Spatz: Kreis
- Schildkröte: Oval
- Qualle: Halbkreis
- Igel: Kreissegment
- Nilpferd: Kreise
- Maus: Kreissegment
- Schwein: Oval
- Pelikan: S-Form

Ziehe zum Schluss alle Entwurfslinien, die erhalten bleiben sollen, mit feinzeichnendem schwarzem Filzstift nach und entferne alle Bleistiftspuren.

f) Schneide die Tiermotive im Abstand von 1 mm von der Umrisslinie aus.

# Projekt 1: Tiermosaik

## 2. Wandbild (Gemeinschaftsarbeit)

a) Legt Fotokarton, z. B. in Grau, in DIN A2 bereit.

b) Schneidet aus schwarzem Tonpapier schmale Streifen in unterschiedlicher Breite zurecht (1–2,5 cm).

c) Beginnt an der Unterkante des Fotokartons, mit diesen Streifen ein Gitternetz aufzubauen.

d) In die entstehenden Kästchen platziert ihr die verschiedenen Tiere und klebt sie fest.

- Beachtet, dass die Kästchen unterschiedlich breit und hoch sein können, je nachdem, welches Motiv darin Platz finden soll.
- Die Flächen müssen rechtwinklig, aber nicht symmetrisch angelegt werden. Kürzt und verlängert deshalb eure Begrenzungsstreifen nach Bedarf.
  *Tipp:* Es können auch mehrere Tiere in einem Kästchen Platz finden.
- Baut das Mosaik aus Tieren bis zur Oberkante des Hintergrunds auf.
  *Tipp:* Experimentiert immer zuerst mit der Lage der Stege und Tiermotive, bevor ihr sie aufklebt und eine weitere Aufbauebene in Angriff nehmt.



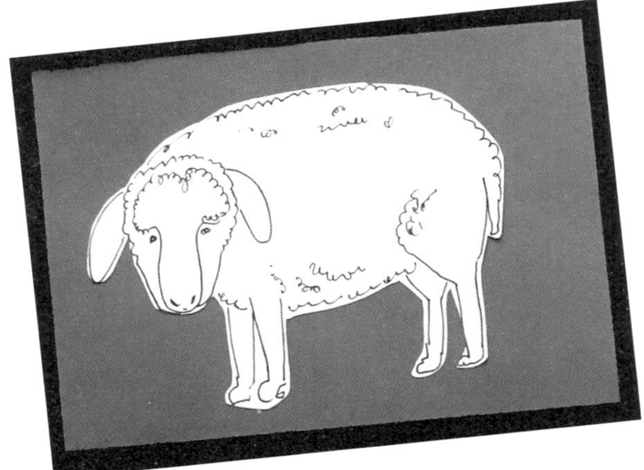

# Projekt 1, Lösungsmotive: Tiermosaik

# Übung: Tiere – Muster und Strukturen

Neben den typischen Körperformen unterscheiden sich Tiere auch durch individuelle Behaarung, auffälliges Gefieder sowie vielfältig gemusterte und strukturierte Körperoberflächen.
Sie lassen sich durch Linien, Punkte und kleine Flächen in unterschiedlicher Zusammensetzung darstellen.

*Zeichentipps:*

Fell: a) Schaf b) Katze

lange Haare: c) Pavian d) Pferd

Federn: e) Pfau f) Rabe

# Übung: Tiere – Muster und Strukturen

Schuppen: g) Schlange

h) Fisch

Muster: i) Schmetterling

j) Giraffe

Strukturen: k) Frosch

l) Schildkröte

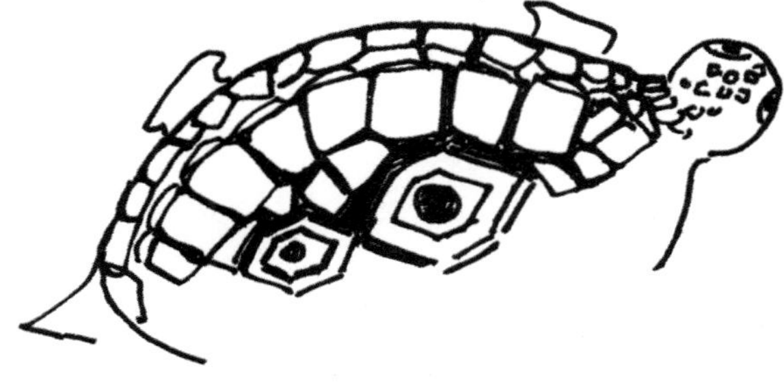

*Tipp:*
Verwende zum Zeichnen neben Bleistift und Filzstiften in verschiedenen Stärken auch andere Zeichenwerkzeuge: Wachsmalkreide, Tintenroller, dünne Pinsel (Nr. 3), weiße Malstifte (für schwarze Flächen) usw.

# Projekt 2: Wolpertinger

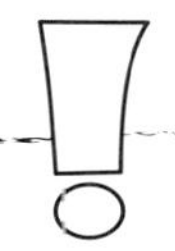

## Kurzbeschreibung

Die Schüler entwerfen ein Fabelwesen, das sich aus Teilen unterschiedlicher Tiere zusammensetzt. Sie gestalten die einzelnen Körperpartien differenziert mit Mustern und Strukturen aus. Dabei arbeiten sie zunächst mit Bleistift und setzen dann weitere Zeichenwerkzeuge wie Filzstift, Tintenroller oder Wachsmalstift ein.

## Jahrgangsstufe

5–10

## Zeitaufwand

2 Doppelstunden



## Lernziele

1. Methodenkompetenz: Zeichnerische Darstellung verschiedener Tiere in Kombination, deutliche Ausarbeitung charakteristischer Merkmale mithilfe verschiedener Werkzeuge
2. Sachkompetenz: Einsatz und Wirkung von Bleistift, Filzstift, Tintenroller und Wachsmalstift
3. Lernkompetenz: Ideenfindung, Experimentieren, Vorstellungsvermögen

## Hinweise

1. Gehen Sie zu Beginn der Unterrichtseinheit auf den Begriff Wolpertinger ein, eine sagenhafte Kombination aus verschiedenen Tieren, die der Legende nach besonders im süddeutschen Raum zu Hause sein soll. Einige lokale Museen widmen ihm sogar eigene Ausstellungen, z. B. auf Burg Falkenstein in der Oberpfalz.
2. Zeigen Sie als Impulsgeber die vorangegangenen Übungsblätter zum Zeichnen von Tieren, aus denen die Schüler beliebige Tiere auswählen und zeichnerisch kombinieren können.
3. Weisen Sie darauf hin, dass möglichst viele Tiere mit unterschiedlichem Fell, unterschiedlichen Federn und Mustern zum Einsatz kommen sollen.
4. Achten Sie darauf, dass die Schüler die gesamte Blattfläche (DIN A4/A3) nutzen.
5. Regen Sie an, dass die Schüler zur Ausarbeitung verschiedene Zeichenwerkzeuge verwenden.

# 2 Projekt 2: Wolpertinger

## Material

weißes Zeichenpapier (DIN A4/A3), Bleistift, Radiergummi, schwarze Filzstifte (verschiedene Stärken), Tintenroller (schwarz), Wassergefäß, dünner Pinsel (z. B. Nr. 3), schwarzer Wachsmalstift

## Anleitung

### 1. Einen Wolpertinger entwerfen

a) Stelle, bevor du zu zeichnen beginnst, Überlegungen an, wie dein Wolpertinger aussehen soll.

- Haltung: stehend, liegend, kriechend, fliegend …
- Kopf: Vogel, Reh, Fuchs, Hase, Schaf… (mit Geweih, Mähne, Hörnern, Federbusch, Ohren …)
- Hals: lang, dick, nicht vorhanden …
- Körper: gedrungen (Kuh, Hund, Schwein …) oder schlank (Schlange, Reiher, Katze …)
- Beine/Arme: zwei, drei oder vier, verschiedene Füße (Hufe, Tatzen, Krallen …)
- weitere Details: Schweif, Flügel …

b) Überlege, wie du die Oberfläche des Körpers gestalten möchtest:

- Fell, Federn, Muster, Schuppen, Warzen …
- Deute die Ideen zunächst mit Bleistift nur an.
- Achte darauf, dass man deutlich sieht, welcher Körperteil von welchem Tier entlehnt wurde.

### 2. Ausarbeitung

a) Nimm dein Zeichenblatt (DIN A4/A3) waagerecht oder senkrecht. Fertige einen Entwurf mit Bleistift an, in dem deine Überlegungen deutlich werden.

b) Beginne dann, mit einem feinzeichnenden schwarzen Filzstift wichtige Entwurfslinien nachzuziehen.

c) Fülle einige Körperflächen, z. B. Schnabel, Augenpartie oder Füße, mit kleinteiligen Mustern und Strukturen (Punkte, Federn, Fell).

d) Wechsle das Werkzeug: Gestalte einige Körperteile, z. B. den Bauch oder den Hals, mit schwarzem Wachsmalstift.

e) Bearbeite freie Flächen mit dem Tintenroller und laviere die Linien, indem du sie mit einem feuchten Pinsel und klarem Wasser nachfährst.

f) Betone Konturen mit dickerem schwarzem Filzstift.

g) Lass einige kleinere Flächen unbearbeitet.

h) Entferne alle Bleistiftspuren, die nicht mehr benötigt werden.

# Projekt 3: Tiere im Zoo

## Kurzbeschreibung

Die Schüler entwerfen verschiedene Tiere, die man in einem Zoo sehen kann. Dabei achten sie darauf, sie in Gruppen darzustellen und die Gehege zum Schluss teilweise mit Gittern oder Zäunen zu strukturieren.

## Jahrgangsstufe

5–10

## Zeitaufwand

2 Doppelstunden

## Lernziele

1. Methodenkompetenz: Konstruktion von Tieren aus geometrischen Grundformen, zeichnerische Ausarbeitung mit grafischen Mustern, Anlegen einer zweiten Zeichenebene mit dem Lineal, Bildkomposition, Objektanschnitt
2. Sachkompetenz: Differenzierter Einsatz von Bleistift und Lineal sowie von schwarzen Filzstiften in verschiedenen Stärken

## Hinweise

1. Teilen Sie zu Beginn der Unterrichtseinheit die Übungsblätter zum Thema „Tiere“ aus und erläutern Sie die schrittweise erfolgende Entwicklung von Tierkörpern und -gesichtern aus einfachen Grundformen.
2. Fordern Sie die Schüler auf, Zootiere einzeln und in Gruppen auf einem DIN-A3-Blatt anzuordnen.
3. Erläutern Sie, dass Tiere im Vordergrund perspektivisch größer erscheinen und zum oberen Bildrand hin an Größe abnehmen.
4. Weisen Sie darauf hin, dass einzelne Tiere oder Tiergruppen hinter Absperrungen oder Volieren dargestellt werden sollen. Die Gitterstäbe oder Netze werden erst zuletzt mit Filzstift und Lineal über die dargestellten Tiermotive hinweg angelegt.

# 2 Projekt 3: Tiere im Zoo

## Material

weißes Zeichenpapier (DIN A3), Bleistift, Radiergummi, schwarze Filzstifte (verschiedene Stärken), Lineal

## Anleitung

### 1. Tiere entwerfen

Nimm ein Blatt Zeichenpapier (DIN A3) zur Bearbeitung waagerecht oder senkrecht.

Überlege, welche Zootiere du darstellen willst. Sie können zu verschiedenen Tierarten gehören oder du konzentrierst dich auf eine Spezies (z. B. Vögel oder Kriechtiere). Ziehe beim Entwerfen die Zeichenhilfen auf den Übungsblättern zurate. Arbeite zunächst mit Bleistift.

a) Stelle einige Tiere als Gruppe dar, andere als Einzeltier.
b) Beachte, dass Tiere im Vordergrund größer erscheinen, Tiere im Hintergrund (auch große Tiere wie z. B. Elefanten) kleiner abgebildet werden müssen.
c) Zeichne einige Tiere so, dass sie vom Bildrand abgeschnitten werden und nur teilweise zu sehen sind.
d) Plane bereits jetzt, welche Tiere hinter Gittern dargestellt werden sollen.
e) Lass freie Stellen auf dem Hintergrund. Dort kannst du später Büsche, Bäume, Gräser oder Steine andeuten.

### 2. Tiere ausarbeiten

a) Ziehe alle Umrisslinien mit feinzeichnendem schwarzem Filzstift nach.
b) Arbeite Köpfe und Körper durch Muster und Strukturen gut heraus: Punkte, kurze Striche, Federn, Schuppen, Höcker …
c) Achte darauf, dass jedes Tier deutlich in seiner Eigenart zu erkennen ist.
d) Fülle den Hintergrund mit Bäumen, Schilf oder Ähnlichem.
e) Lass die Tiere auf Sand, Steinchen oder Gräsern stehen.
   - *Tipp:* Deute diese Bodenformationen und Pflanzen nur an.

### 3. Gitter, Zäune, Volieren, Absperrungen

a) Setze einen Teil der Tiere hinter Zäune oder Gitter. Dazu zeichnest du zunächst mit Lineal und Bleistift Gitterstäbe vor.
   - *Tipp:* Achte darauf, dass die Stäbe, Zaunpfähle usw. gleich weit voneinander entfernt sind und senkrecht zum Blattrand verlaufen. Dazu misst du am besten die Abstände mit dem Lineal aus.
b) Zum Schluss ziehst du mit dickerem schwarzem Filzstift und Lineal die Gitterstäbe nach. Sie verlaufen senkrecht oder waagerecht über die Tiermotive hinweg.
c) Entferne als Letztes alle Bleistiftspuren mit dem Radiergummi.

# Projekt 4: Tierporträt

## Kurzbeschreibung

Die Schüler bearbeiten die fotografische Bildvorlage eines Tieres, indem sie charakteristische Umrisslinien sowie Binnenflächen auf Zeichenpapier durchpausen. Dabei werden alle gerundeten Formen und Linien konsequent in eckige verwandelt sowie Schattenzonen scharf linear begrenzt. Es entsteht ein „Splitterbild“, dessen Flächen die Schüler anschließend grafisch mit Filzstiften ausarbeiten.

## Jahrgangsstufe

8–10

## Zeitaufwand

2 Doppelstunden



## Lernziele

1. Methodenkompetenz: Gezieltes Durchpausen, Zerlegung einer Bildfläche, differenzierte Ausgestaltung mit grafischen Elementen, Verdichtung und Streuung
2. Sachkompetenz: Einsatz von Durchschlagpapier, Umgang mit Bleistift und Filzstiften in verschiedener Stärke
3. Lernkompetenz: Ideenfindung, Abstrahieren

## Hinweise

1. Beginnen Sie die Unterrichtseinheit mit einem kunstgeschichtlichen Exkurs über den Kubismus und charakteristischen Bildbeispielen (z. B. Frauenporträts von Picasso). Alternativ können Sie auch den Lösungsvorschlag mit Ausgangsbild und erster Arbeitsphase auf Folie zeigen, um die Zerlegung der Flächen zu verdeutlichen.
2. Bitten Sie die Schüler im Vorfeld, fotografische Abbildungen von Tieren zu sammeln und mitzubringen (Postkarten, Zeitungsausschnitte, Ausdrucke …).
3. Achten Sie darauf, dass die Schüler eine Bildvorlage wählen, die auf ein DIN-A4-Blatt passt. Gegebenenfalls muss das Foto mit dem Kopierer verkleinert oder vergrößert werden. Gut geeignet sind vor allem Fotos mit starken Hell-dunkel-Kontrasten.
4. Stellen Sie Durchpauspapier/Kohlepapier in ausreichender Stückzahl zur Verfügung.
5. Weisen Sie darauf hin, dass das Motiv auch nachträglich noch in Teilflächen untergliedert werden kann.
6. Präsentieren Sie die Ausgangsbilder zusammen mit den Lösungen.

# Projekt 4: Tierporträt

## Material

Tiermotiv (Foto, DIN A4), weißes Zeichenpapier (DIN A4), Kohlepapier (DIN A4), Büroklammern, Bleistift, schwarze Filzstifte (verschiedene Stärken)

## Anleitung

### 1. Tierporträt durchpausen

a) Wähle aus den fotografischen Vorlagen, die du mitgebracht hast (z. B. Haustier, Tier aus dem Zoo, Zeitschriftenausschnitt), ein Motiv, das folgende Merkmale aufweist:
- Es passt gut auf eine DIN-A4-Fläche. Du kannst das Motiv auch vor der Bearbeitung mit einem Kopierer vergrößern oder verkleinern.
- Es weist starke Hell-dunkel-Kontraste auf.

*Tipp:* Mache, bevor du mit dem Durchpausen beginnst, eine Schwarz-Weiß-Kopie der Abbildung zur Bearbeitung. Auf diese Weise wird deine Fotovorlage nicht beschädigt und du kannst mehrere Versuche machen.

b) Lege Foto, Durchpauspapier und weißes Zeichenpapier (alle DIN A4) aufeinander und befestige die Blätter mit Büroklammern.

c) Zeichne nun mit Bleistift alle wichtigen Außen- und Innenlinien des Motivs nach und beachte dabei folgende Hinweise:
- Alle runden Formen oder geschwungenen Linien werden durch eine Abfolge von kurzen geraden Linien ersetzt. Das heißt, sie werden so mit kleinen Richtungsänderungen aneinandergereiht, dass sie ungefähr den Rundungen folgen.
- Grenze Schattenzonen mit exakten Linien von der umgebenden Fläche ab. Es gibt keine sanft verlaufenden Übergänge.

d) Entscheide, welche Lichteffekte, Stacheln, Federn usw. du übernehmen willst und stelle sie ebenfalls durch eckige geometrische Formen dar.

e) Entferne zum Schluss Vorlage und Pauspapier.

f) Ergänze noch zusätzliche Details, z. B. Schuppen oder Falten, wo es dir nötig erscheint.

### 2. Grafische Ausarbeitung

a) Fahre alle durchgepausten Linien mit schwarzen Filzstiften nach. Verwende dazu unterschiedliche Stärken und hebe einige markante Linien hervor, indem du zwei oder drei Linien dicht nebeneinandersetzt.

b) Gestalte dann die einzelnen Binnenflächen beliebig mit Punkten, Linien, Schraffuren und Mustern aus.
- *Tipp:* Jetzt können auch runde Formen wie kleine Kreise, Spiralen oder geschwungene Linien zum Einsatz kommen.

c) Lass einige Flächen unbearbeitet, sodass dort das Weiß des Papiers und die schwarze Filzstiftfarbe einen starken Kontrast bilden.

d) Versuche, durch Verdichtung und Streuung von grafischen Elementen die charakteristischen Züge des Tieres zur Geltung zu bringen.

e) Präsentiere Ausgangsbild und dein Tierporträt nebeneinander.

# Projekt 4, Vorlage: Tierporträt

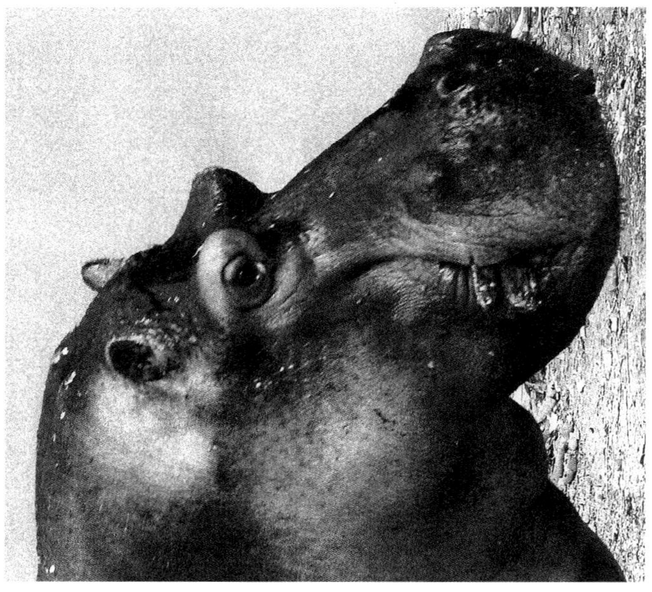

# Übung: Geometrische Grundformen

## 1. Dreieck

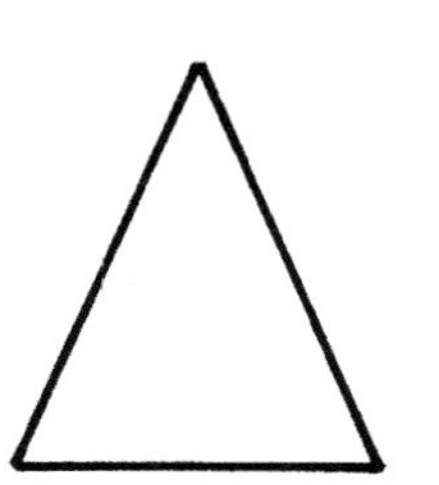
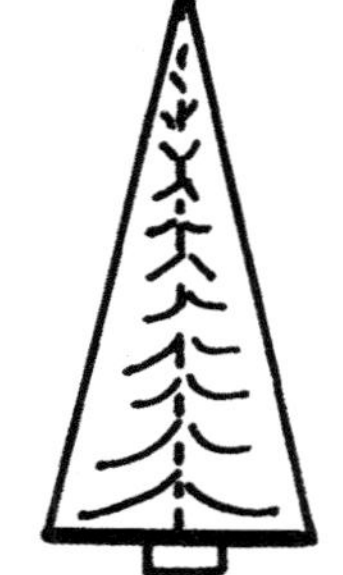
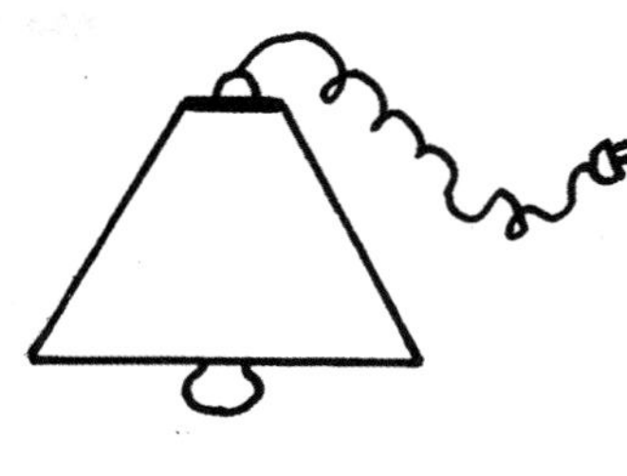

## 2. Kreis/Oval

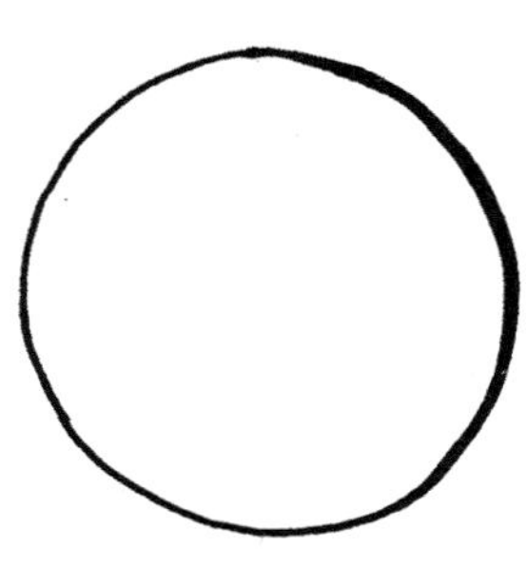

## 3. Viereck

## 4. Räumliches Zeichnen

a) Tasse

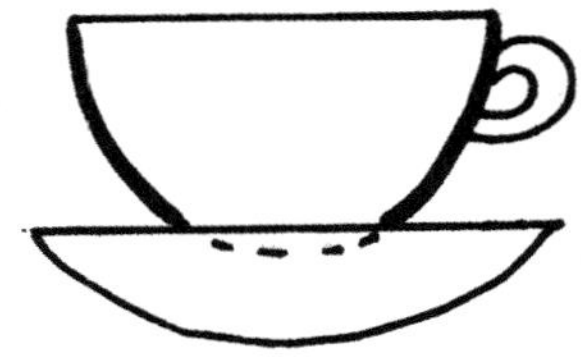
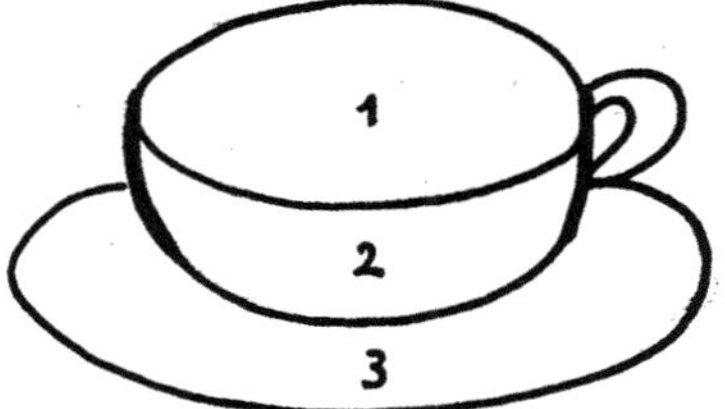


b) Stuhl

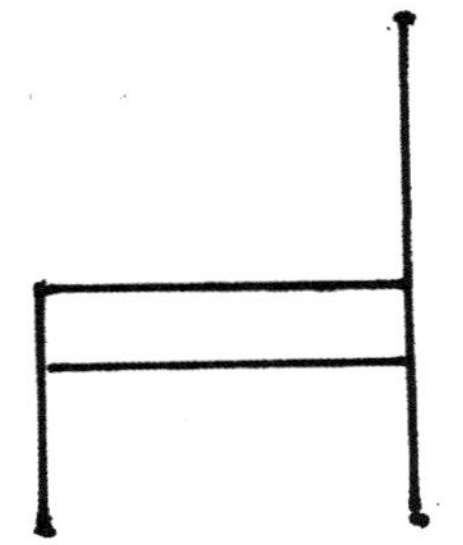
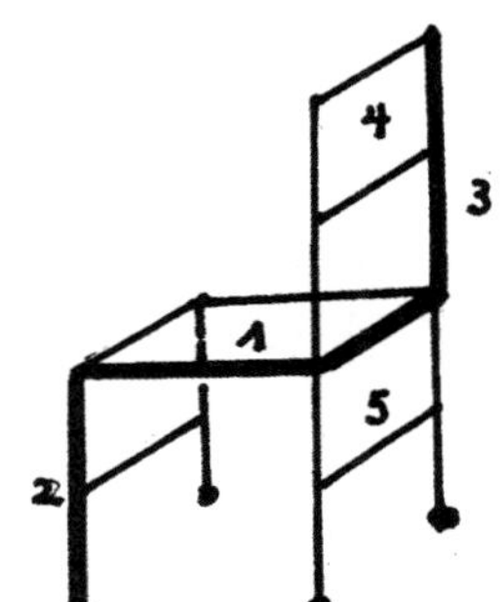


3 Gegenstände zeichnen

# Projekt 1: Ich packe meinen Koffer

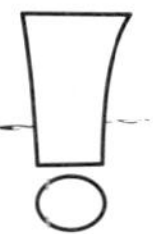

## Kurzbeschreibung

Die Schüler gestalten nach einem vorgegebenen Zahlenschema einen geöffneten Koffer, schneiden ihn aus und kleben das Motiv auf ein DIN-A3-Blatt, dessen restliche Fläche sie mit einer Reihe von beliebigen, linear gezeichneten Gegenständen füllen.

## Jahrgangsstufe

5–10

## Zeitaufwand

2 Doppelstunden

## Lernziele

1. Methodenkompetenz: Einsatz und Abwandlung von Zeichenimpulsen (Zeichnen nach Zahlen), lineare Darstellung von Objekten, Perspektive durch Staffelung
2. Sachkompetenz: Einsatz von Schablonen und Schere, Umsetzen von Ideen mit Bleistift und Filzstift
3. Lernkompetenz: Ideenfindung, Wahrnehmung von Umrisslinie und Fläche

## Hinweise

1. Beginnen Sie die Unterrichtseinheit mit dem bekannten Spiel „Ich packe meinen Koffer“. Dabei erstellen die Schüler ganz nebenbei verbal eine Liste von Gegenständen, die sie dann zeichnerisch umsetzen können.
2. Teilen Sie die Zahlenvorlage (Koffer) aus und fordern Sie die Schüler auf, die Zahlen mithilfe von Lineal und Filzstift der Reihe nach (1–37) zu verbinden. Die Lösung, die Proportionen und Umrisse festlegt, motiviert besonders ungeübte Schüler zu kreativer Weiterarbeit. Fordern Sie die Schüler auf, das Motiv mit Mustern usw. weiter auszugestalten.
3. Achten Sie darauf, dass die Schüler beim Ausschneiden einen etwa 2 mm breiten Rand zu den Umrisslinien einhalten, bevor sie die Schablone aufkleben.
4. Weisen Sie darauf hin, dass der Kofferinhalt auf der restlichen Fläche so angeordnet werden soll, dass sich die Objekte teilweise überlagern.

# Projekt 1: Ich packe meinen Koffer

## Anleitung

### 1. Koffer

Zeichne mithilfe der Kopiervorlage einen Koffer:

a) Verbinde alle Zahlen der Reihe nach von 1–37 mit Linien. Verwende dazu ein Lineal und einen feinzeichnenden schwarzen Filzstift.

b) Ergänze noch fehlende Verbindungslinien.

c) Gestalte den Koffer weiter aus: Versieh ihn mit Aufklebern oder Mustern. Bearbeite Gurte, Räder und Griffe.

d) Schneide den Koffer entlang der äußeren Umrisslinie aus, indem du zur Kontur beim Schneiden einen Abstand von ca. 2 mm stehen lässt.

e) Klebe das Motiv in eine Ecke eines DIN-A3-Blattes.

### 2. Kofferinhalt

a) Entwirf zunächst mit Bleistift auf der restlichen Blattfläche allerlei Dinge, die du in deinen Koffer packen willst.

- Beispiele: Shirts, Hosen, Socken, Schals, Mütze, Hut, Brille, Sonnenmilch, Badeschuhe, Stiefel, Bücher, Taschen, Malutensilien, Regenschirm
- *Tipp:* Die Teile sollen über die ganze Fläche arrangiert werden und sich gelegentlich auch überschneiden.

b) Zeichne zuerst die Umrisslinien und gestalte dann die Gegenstände mit unterschiedlichen Mustern aus.

- *Tipp:* Versuche, die Objekte aus geometrischen Grundformen aufzubauen.

c) Ziehe alle Konturen mit feinzeichnendem schwarzem Filzstift nach.

d) Betone einige Umrisse mit dickerem schwarzem Filzstift.

e) Entferne zum Schluss alle Bleistiftspuren der Vorzeichnung.

# Projekt 1, Vorlage: Ich packe meinen Koffer

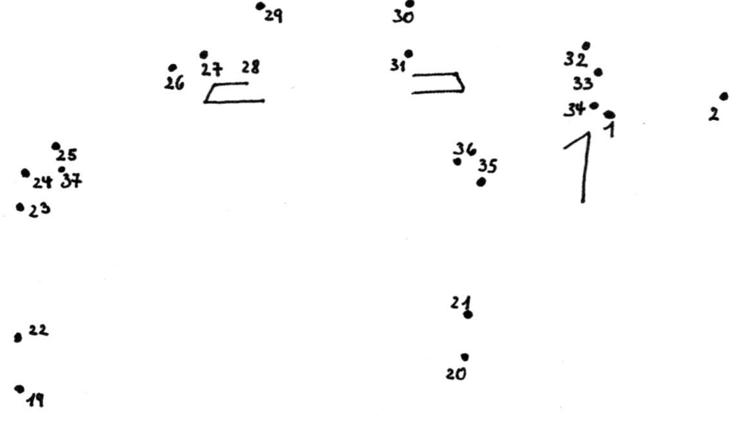

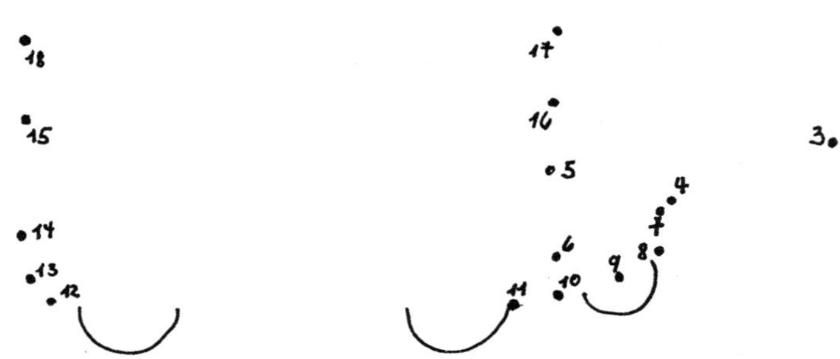

# Übung: Schraffuren

Parallele, dicht nebeneinanderliegende Linien nimmt unser Auge als flächigen Grauwert wahr. Durch mehrfaches Überlagern der Linien ergeben sich immer dunklere Grauwerte.

Schatten lassen sich durch Schraffuren darstellen. Ein Gegenstand wirft nicht nur Schatten, sondern hat auch selbst schattierte Partien (Eigenschatten).

## a) Linienschraffuren

  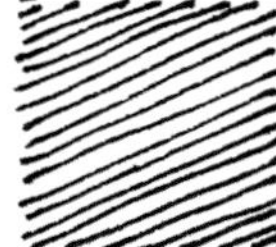  

## b) Kreuzschraffuren

 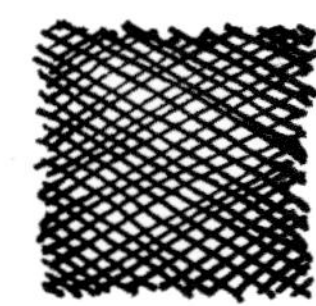 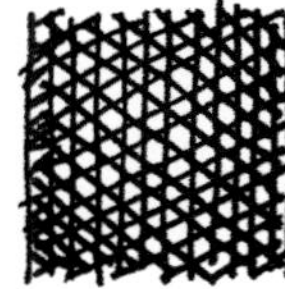 

## c) Formstrich

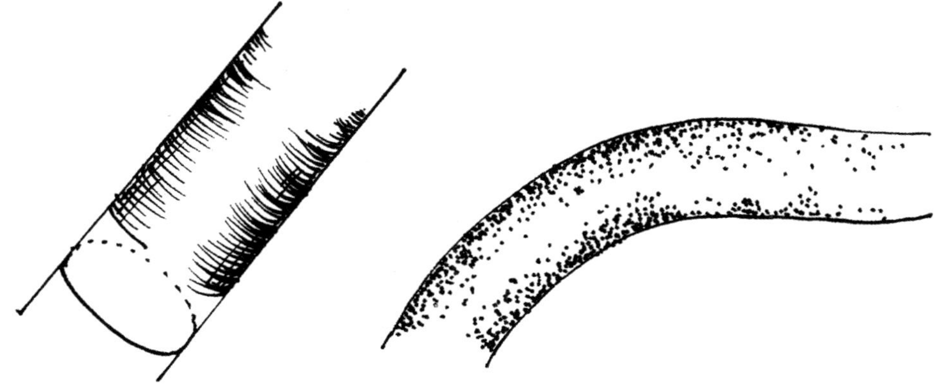

## d) Freestyle

  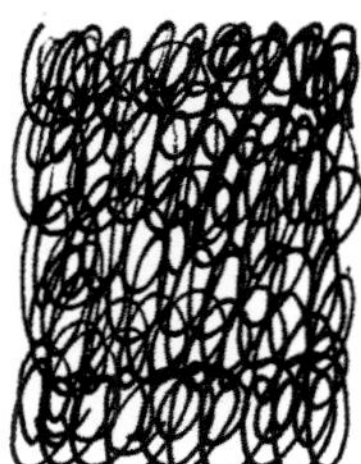  

3 Gegenstände zeichnen

# Projekt 2: Sofalandschaft

## Kurzbeschreibung

Die Schüler entwerfen mit Bleistift eine Sofalandschaft mit verschiedenen dekorativen Kissen. Sie fügen einige Wohnaccessoires wie Lampen oder Vasen hinzu und verleihen dem linearen Entwurf durch unterschiedliche Schraffuren Plastizität.

## Jahrgangsstufe

7–10

## Zeitaufwand

2 Doppelstunden

## Lernziele

1. Methodenkompetenz: Bildkomposition (sich überlagernde Flächen), Plastizität durch Schraffuren und Schatten
2. Sachkompetenz: Differenzierter und gezielter Einsatz von Bleistiften mit unterschiedlichem Härtegrad
3. Lernkompetenz: Ausdauer, Feinmotorik

## Hinweise

1. Zeigen Sie als Unterrichtseinstieg Wohnlandschaften aus Werbeprospekten (evtl. auf Folie) und weisen Sie auf die unterschiedliche Anordnung der einzelnen Sofateile hin.
2. Regen Sie an, dass die Schüler möglichst viele Kissen in kreativen Ausformungen auf den Sitzmöbeln platzieren.
3. Teilen Sie zur Orientierung die Zeichenhilfe (Kopiervorlage) sowie die Übung zu Schraffuren aus.
4. Je nach verfügbarer Zeit kann die Aufgabe auf einem DIN-A4- oder DIN-A3-Blatt umgesetzt werden. Beachten Sie aber, dass größere Flächen (DIN A3) mehr Ausdauer bei der Bearbeitung erfordern.
5. Weisen Sie darauf hin, dass möglichst viele unterschiedliche Schraffurmethoden zum Einsatz kommen sollten und sich die Flächen deutlich voneinander abheben müssen.

# Projekt 2: Sofalandschaft

**Material**

Vorlage (Sofalandschaft), weißes Zeichenpapier (DIN A4/A3), Bleistift in verschiedenen Stärken (z. B. 2B, 2H), Anspitzer, Radiergummi, Lineal

## Anleitung

### 1. Sofa mit Kissen

a) Nimm weißes Zeichenpapier (DIN A4 oder DIN A3) waagerecht und beginne, mit einem weichen Bleistift (z. B. 2B) Polsterteile zu einer Wohnlandschaft zu arrangieren.

b) Orientiere dich zur Bildkomposition an den Zeichenvorschlägen auf der Kopiervorlage.

Beachte folgende Möglichkeiten:

- Zeichne zunächst mit Bleistift nur die Umrisslinien.
- Die Rückenlehnen können eine unterschiedliche Höhe, die Sitzflächen eine unterschiedliche Breite haben.
- Gestalte das Sofa als Liege mit seitlicher Kopfstütze.
- Die Polster liegen auf einem Holzgestell.
- Füge ein Tischchen zum Abstellen hinzu.
- Setze zum Schluss drei bis vier unterschiedliche Kissen auf das Sofa.

*Tipps:*

- Du kannst sie neben- und hintereinanderstaffeln.
- Sie haben eine steife Außenkante oder erscheinen leicht eingedrückt.
- Sie können auch als Sitzkissen vor dem Sofa liegen.
- Sie haben Quasten oder Fransen.
- Radiere alle Linien, die nicht mehr sichtbar sein sollen, weg.

### 2. Weitere Accessoire- und Gestaltungsmöglichkeiten

- Im Hintergrund sieht man eine Lampe (Hänge- oder Stehlampe).
- Entwirf eine Vase mit Zweigen.
- Zeichne ein Bild mit Rahmen an die Wand hinter dem Sofa.
- Füge eine Blattpflanze mit Blumentopf hinzu.
- Lege hinter dem Sofa mit dem Lineal eine Raumkante fest.

## 3. Plastizität durch Schraffuren

Beginne mit einer Kissenfläche im Vordergrund und bearbeite sie mit einer beliebigen Schraffur.

*Tipps:*

- Beachte, dass die Schraffur zu den Rändern hin dichter und dunkler werden sollte.
- Bearbeite eine dahinterliegende Fläche mit einer anderen Schraffur oder auch einem beliebigen Muster. Beide Flächen sollen sich gut voneinander abheben.
- Lass auch helle (unbearbeitete) Stellen in der Fläche stehen.
- Setze Bleistifte mit unterschiedlichem Härtegrad ein.
- Setze den Bleistift mit der Breitseite an, sodass geschummerte Flächen entstehen.
- Folge Vertiefungen und Ausbuchtungen mit Formstrichen.
- Kreiere Schatten aus Punkten.
- Ziehe Umrisslinien mit der Hand nach. Das lässt sie weicher erscheinen.
- Spitze deinen Bleistift immer wieder neu an.

Gestalte nacheinander alle Sofateile und Kissen sowie die Dekorationsartikel im Hintergrund auf diese Weise.



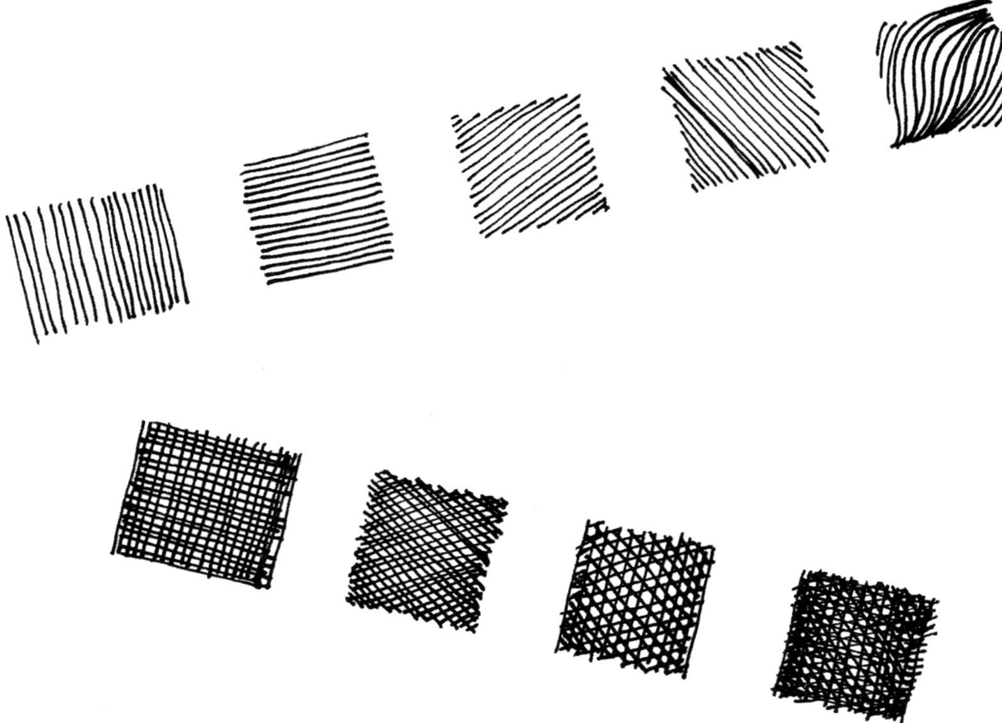

# Projekt 2, Vorlage: Sofalandschaft

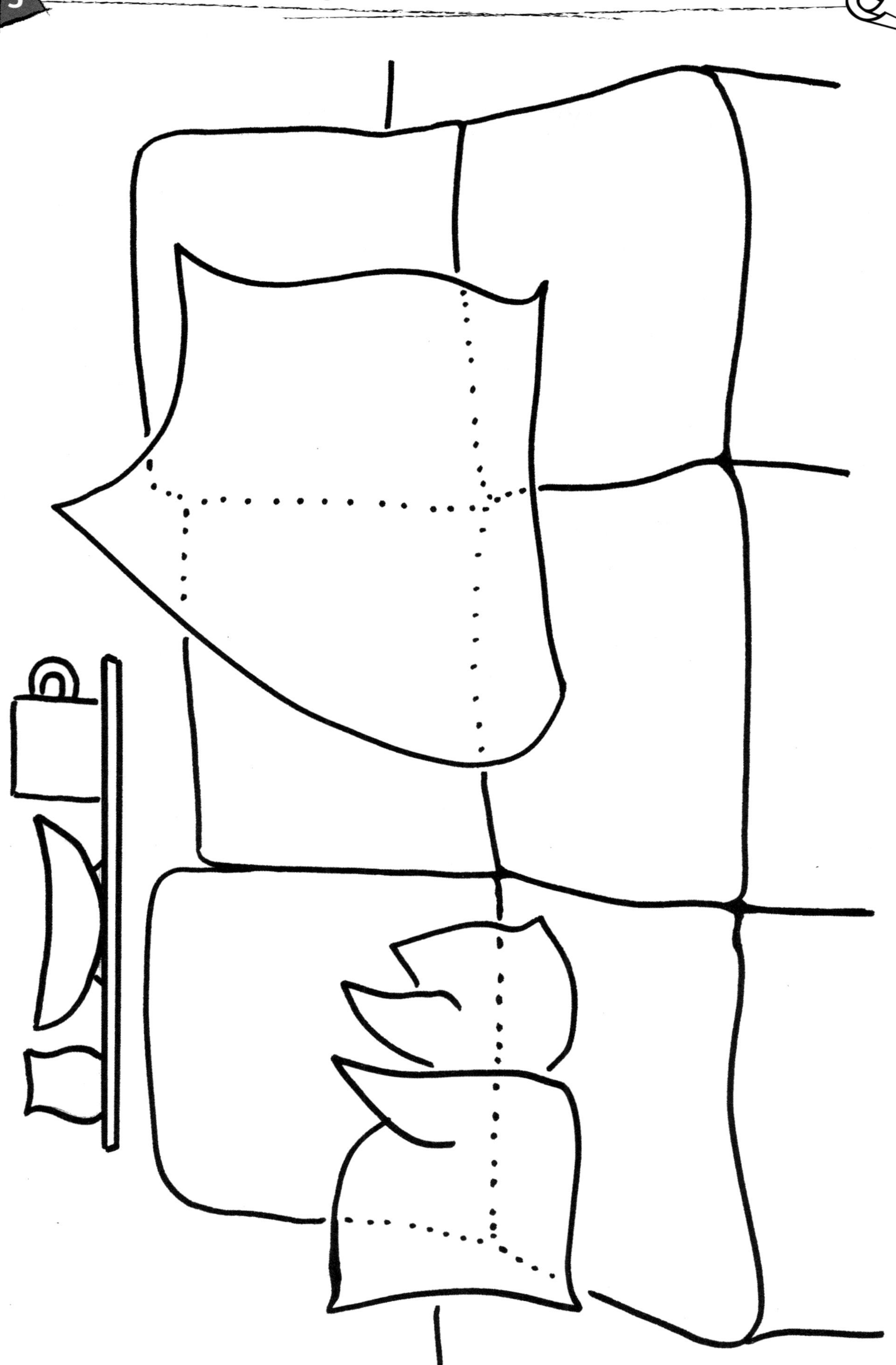

# Projekt 3: Stillleben

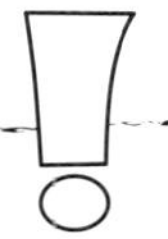

## Kurzbeschreibung

Die Schüler versuchen, ohne Vorzeichnung, mit Filzstift ein Stillleben einer Bildvorlage nachzuzeichnen. Dabei verwenden sie zunächst einen feinzeichnenden Stift und betonen, vervollständigen und verändern dann die Umrisslinien mit einem stärkeren Stift. Zum Schluss gestalten sie die entstandenen Motive samt Binnenformen mit grafischen Strukturen aus.

## Jahrgangsstufe

8–10

## Zeitaufwand

2 Doppelstunden

## Lernziele

1. Methodenkompetenz: Spontanes Zeichnen nach Bildvorlage, Wahrnehmen von Formbezügen, Ausgestaltung mit grafischen Elementen
2. Sachkompetenz: Differenzierter Einsatz von schwarzen Filzstiften
3. Kunstgeschichtlicher Bezug: Expressionismus

## Hinweise

1. Wählen Sie eine geeignete Bildvorlage aus, die Sie als Folie zeigen oder als (Schwarz-Weiß-)Kopie den Schülern aushändigen. Es eignen sich besonders Stillleben aus dem Expressionismus mit starker Betonung der Umrisslinien. Für das Projekt wird ein Bild der Malerin Paula Modersohn-Becker vorgeschlagen: Stillleben mit Goldfischglas[2].
2. Besprechen Sie kurz, was auf dem Bild zu sehen ist, und nutzen Sie die Gelegenheit, kunstgeschichtliche Kenntnisse zu vermitteln.
3. Alternativ können Sie auch anregen, dass die Schüler in Partnerarbeit ein Stillleben aus Gefäßen usw. aufbauen und es nach der beschriebenen Methode zeichnerisch nachempfinden. Dabei empfiehlt es sich, dass Sie das Arrangement zusätzlich mit einer Kamera als Bild festhalten und Lösungen und Foto zusammen präsentieren.
4. Weisen Sie darauf hin, dass es sich hier um einen konzentrierten und mutigen Zeichenvorgang handelt, da einmal gezeichnete Linien nicht mehr entfernt werden, aber öfter überzeichnet werden können und dass durch das spontane Abzeichnen individuelle Lösungen entstehen.



[2] 1906, Öl auf Karton, 50,5 cm × 74 cm. Wuppertal, Von der Heydt-Museum

# Projekt 3: Stillleben

**Material**

Vorlage (Stillleben), weißes Zeichenpapier (DIN A4), schwarze Filzstifte (verschiedene Stärken), Lineal

## Anleitung

### 1. Motiv erfassen

Betrachte die Abbildung, die dir dein Lehrer ausgehändigt hat, und stelle folgende Überlegungen an:

- Welche und wie viele Gefäße/Gegenstände zeigt das Bild?
- Welches Objekt ragt am höchsten hinaus?
- Welche Gegenstände stehen im Vordergrund?
- Welcher Gegenstand wird von anderen überdeckt?
- Auf welche geometrischen Grundformen (z. B. Kreis, Oval, Rechteck, Ellipse) lassen sich die Gegenstände reduzieren?
- Mit welchem Objekt möchte ich beginnen?

### 2. Erste Zeichenphase

a) Lege dein Zeichenblatt (DIN A4) senkrecht oder waagerecht vor dich hin.

b) Wähle ein Objekt im Vordergrund aus.

c) Zeichne die ersten Umrisse mit einem feinzeichnenden schwarzen Filzstift.

d) Denke daran, dass du nichts wegradieren kannst und alle Linien, auch die nicht geglückten, erhalten bleiben sollen.

e) Zeichne den Gegenstand ausgehend von einfachen geometrischen Grundformen, z. B. einem Oval.

f) Verbessere die Außenlinie, indem du eine zweite (oder dritte) Linie daneben- oder darüberlegst.

g) Füge nun Details hinzu: Henkel, Fußplatten, einen Ausguss usw.

h) Lege immer wieder neue Linien an, bis dir die Form gelingt.

i) Zeichne ein zweites Gefäß daneben. Dabei dürfen sich die Konturen überschneiden.

j) Wiederhole das Verfahren mit weiteren Gegenständen deines Stilllebens.

k) Zeichne Muster, Stofffalten und weitere Details ab.

l) Hebe zum Schluss nur die wichtigsten Linien mit einem dickeren schwarzen Filzstift hervor.

# Projekt 3: Stillleben

## 3. Zweite Zeichenphase

a) Bearbeite die kleinen und größeren Binnenformen, die durch sich überschneidende Linien entstanden sind, mit feinzeichnendem Filzstift.

b) Fülle die Binnenformen mit Strichen oder kleineren Mustern (Spiralen, Kreisen, Punkten, Zickzacklinien ...).

c) Betrachte nochmals deine Vorlage und setze einige Schraffuren, um Volumen anzudeuten.

d) Lege als Letztes mit dem Lineal eine Horizontlinie an und bearbeite Teile des Hintergrundes, z. B. Tischdecke, Tapete oder Fensterrahmen.

# Projekt 3, Vorlage: Stillleben

## Zeichenphase 1

## Zeichenphase 2

# Projekt 4: Designerrahmen

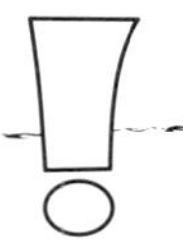

## Kurzbeschreibung

Die Schüler ordnen zeichnerisch auf einer DIN-A4-Fläche Rahmen in unterschiedlicher Breite neben- und übereinander an. Anschließend arbeiten sie mithilfe von Filzstiften die Rahmenflächen mit fantasievollen Schraffuren und Strukturen aus. Als weitere Lösungsmöglichkeit schneiden sie einen Rahmen (DIN A5) für ein beliebiges Motiv zurecht und gestalten ihn grafisch aus.

## Jahrgangsstufe

5–10

## Zeitaufwand

2 Doppelstunden

## Lernziele

1. Methodenkompetenz: Bildkomposition, Herstellung von Papierrahmen, Einsatz von Schraffuren und Strukturen als Ornamente
2. Sachkompetenz: Umgang mit Schere, Geodreieck und Lineal, kreativer Einsatz von schwarzen Filzstiften
3. Lernkompetenz: Genauigkeit, Umsetzen von Vorgaben, Ideenfindung

## Hinweise

1. Zeigen Sie als Unterrichtseinstieg in den Bereich Design die Lösungsvorschläge auf Folie.
2. Achten Sie darauf, dass die Schüler (wegen des erforderlichen rechten Winkels) mit Geodreiecken arbeiten. Alternativ können auch rechtwinklige Kartonreste zum Einsatz kommen.
3. Weisen Sie darauf hin, dass sich die Rahmen überschneiden und unterschiedliche Breite haben.
4. Regen Sie an, dass die Schüler neben Schraffuren auch individuelle Muster und Strukturen für die Rahmen erfinden.
5. Papierarbeit: Fordern Sie die Schüler auf, eine eigene kleine Zeichnung oder einen Schriftzug mit einem passenden Rahmen zu versehen und so eine neue Bildwirkung zu erzielen.

# Projekt 4: Designerrahmen

## Material

weißes Zeichenpapier (DIN A4 und DIN A5), Geodreieck, Lineal, Bleistift, Radiergummi, schwarze Filzstifte (verschiedene Stärken), schwarzes Tonpapier (DIN A4), Schere, Klebestift, Motiv zum Einrahmen

## Anleitung

### 1. Rahmen anordnen

a) Nimm Zeichenpapier (DIN A4) waagerecht oder senkrecht.

b) Lege dein Geodreieck beliebig auf die Fläche und zeichne mit Bleistift den Verlauf der beiden Katheten nach. Verlängere sie bis zum Blattrand.

c) Verschiebe nun das Geodreieck parallel nach unten oder oben und zeichne in einigen Zentimetern Abstand ein zweites Kathetenpaar. Auf diese Weise entsteht das Eck eines rechtwinkligen Rahmens.

d) Lege nun weitere Rahmen in unterschiedlicher Breite, von denen immer nur eine Ecke zu sehen ist, über- und nebeneinander.

e) Radiere an den Überschneidungen die Linien des jeweils weiter hinten liegenden Rahmens weg, sodass man die Staffelung klar erkennen kann.

f) Finde für einige Rahmen andere Ecklösungen, indem du z. B. die Ecken abrundest.

g) Zeichne zum Schluss mit einem stärkeren schwarzen Filzstift und Lineal alle Rahmenkanten exakt nach.

## 2. Rahmen bearbeiten

Fülle nun die einzelnen Rahmenflächen mit Schraffuren und Strukturen. Zeichne mit feinzeichnendem schwarzem Filzstift.

*Tipps:*

- Fülle den ganzen Rahmen oder nur Teile, z. B. die Ecken, mit den Mustern aus.
- Zeichne Schraffuren mit dem Lineal.
- Erfinde individuelle Strukturen (Blätter, Holzmaserungen).
- Fülle den Hintergrund der Rahmenfläche aus, sodass die Muster als Negativformen hervortreten.

## 3. Papierarbeit: Designerrahmen für ein Motiv

a) Suche ein geeignetes Motiv (etwa in Postkartengröße 10 cm × 15 cm), das du mit einem passenden Rahmen versehen willst.

b) Lege das Bild mittig auf eine weiße Papierfläche in DIN A5 und zeichne die Umrisse mit Bleistift nach.

c) Lege das Bild beiseite und zeichne mit dem Lineal ein zweites, etwas kleineres Rechteck in die Mitte (ca. 9 cm × 14 cm).

d) Entferne die Bleistiftlinien des ersten Rechtecks.

e) Gestalte die Rahmenfläche mit Strukturen oder Schraffuren (siehe Punkt 2, Rahmen bearbeiten) mithilfe eines feinzeichnenden Filzstifts aus.

f) Klappe das Blatt waagerecht oder senkrecht mittig zusammen.

g) Schneide von der Faltkante her die Fläche des inneren Rechtecks heraus.

h) Klebe dein Bildmotiv in die Mitte einer schwarzen Tonpapierfläche (DIN A4).

i) Bestreiche nun auch die Rückseite des Rahmens mit dem Klebestift und klebe den Rahmen über das Bild.
*Tipp:* Ziehe die inneren Ränder des Rahmens kräftig mit schwarzem Filzstift nach, sodass eine Schattenfuge entsteht.

# Projekt 4, Lösungsvorschlag: Designerrahmen

# Übung: Bildaufbau und Perspektive

**Bildaufbau:**
Hintergrund
Mittelgrund
Vordergrund

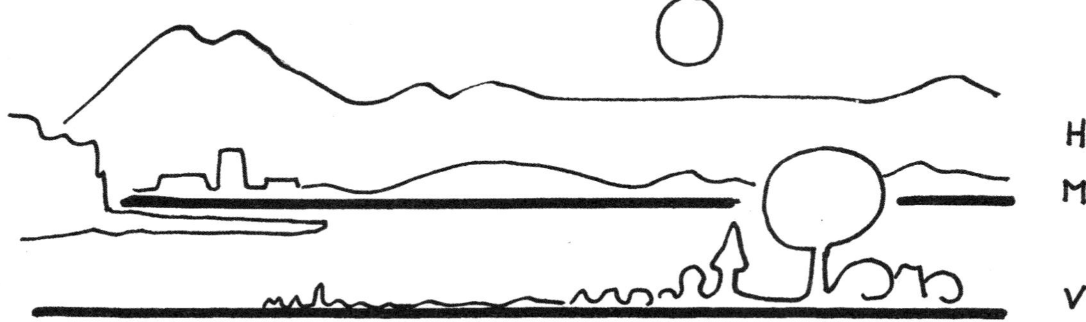


## Perspektive durch

**a) Staffelung**

Regeln:
Vorderes verdeckt Hinteres.
Vorderes ist größer als Hinteres.
Vorderes ist dunkler als Hinteres.

**b) Horizontlinie und Fluchtpunkt**

Regeln:
Die Horizontlinie liegt meist auf Augenhöhe.
Parallele Linien, die vom Betrachter weglaufen, treffen sich in einem Fluchtpunkt.
Der Fluchtpunkt liegt auf der Horizontlinie (Zentralperspektive).
Alle senkrechten und waagerechten Linien in Frontalansicht bleiben unverändert senkrecht und waagerecht (parallel zu den Blatträndern).

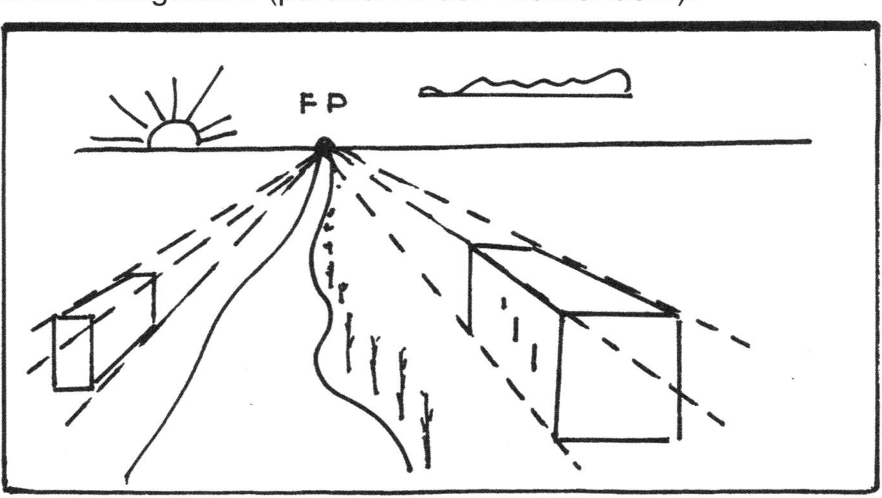

# Projekt 1: Blick auf die Stadt

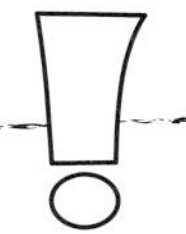

## Kurzbeschreibung

Die Schüler entwerfen im Vordergrund des Bildes eine hochgelegene Terrasse mit Stühlen und Pflanzen, von der aus der Blick über die Dächer einer Stadt (Mittelgrund) zu Hügelketten im Hintergrund reicht. Sie arbeiten zunächst mit Bleistift und Lineal und führen die Arbeit zum Schluss mit schwarzen Filzstiften aus.

## Jahrgangsstufe

7–10

## Zeitaufwand

2 Doppelstunden

## Lernziele

1. Methodenkompetenz: Bildaufbau vom Vordergrund zum Hintergrund hin, Perspektive durch Staffelung und abnehmende Größe
2. Sachkompetenz: Einsatz von Lineal und Bleistift für architektonische Details, Verwendung von schwarzen Filzstiften in verschiedenen Stärken

## Hinweise

1. Beginnen Sie die Unterrichtseinheit mit einem Blick aus dem Fenster und erläutern Sie den Begriff der Staffelung und Perspektive (z. B. Vordergrund: Fensterrahmen, Fensterbrett – Mittelgrund: gegenüberliegende Gebäude, Dachlandschaften, Park – Hintergrund: Horizontlinie, Hügel, Wolken usw.)
2. Je nach zur Verfügung stehendem Zeitlimit kann die Arbeit in DIN A4 oder DIN A3 ausgeführt werden.
3. Weisen Sie darauf hin, dass die Vorzeichnung mit Bleistift und, für die Gebäudekanten, mit Lineal erfolgt.
4. Achten Sie darauf, dass die Schüler die einzelnen Flächen so gestalten, dass sie sich auch z. B. durch Strukturen, Fensterfronten und Dachformationen gut voneinander abheben.
5. Regen Sie an, dass die Schüler zum Schluss die Konturen von Motiven, die im Vordergrund liegen, mit stärkerem schwarzem Filzstift betonen.

   *Tipp:* Die Aufgabe lässt sich auch mit Bleistift (in verschiedenen Härtegraden) lösen.

# Projekt 1: Blick auf die Stadt

**Material**
weißes Zeichenpapier (DIN A4/A3), Bleistift, Radiergummi, Lineal, schwarze Filzstifte (verschiedene Stärken)

## Anleitung

### 1. Terrasse (Vordergrund)

a) Nimm Zeichenpapier (DIN A4 oder DIN A3) senkrecht und markiere die Begrenzung für die Terrasse mit dem Lineal mit einer Bleistiftlinie. Lege sie ca. 7 cm (DIN A4) bzw. 10 cm (DIN A3) vom unteren Bildrand entfernt an.

b) Entwirf nun mit Bleistift auf dieser reservierten Fläche eine Liege, einen Stuhl, einen Tisch und Blumentöpfe mit dekorativen Pflanzen. Die Objekte können nebeneinanderstehen, sich überschneiden und über den Terrassenrand hinausragen.

c) Lege mit einer weiteren Linie, die hinter den Gegenständen verläuft, eine Bodenkante und somit auch die Höhe der Balustrade/Mauer an.

### 2. Stadtbild (Mittelgrund)

Zeichne nun unter Zuhilfenahme des Lineals verschiedene Gebäude, die sich jenseits der Terrasse in einem Streifen von 10 bis 20 cm auftürmen.

*Tipps:*

- Entwirf Häuserfronten von unterschiedlicher Breite und Höhe.
- Staffle sie hinter- und nebeneinander und beachte, dass Häuser im Hintergrund kleiner erscheinen.
- Erfinde unterschiedliche Dachformen (Flachdächer, Giebel, Turmspitzen).
- Stelle manche Dächer in Draufsicht oder Seitenansicht dar.
- Lockere das Häusermeer durch Baumgruppen auf.
- Bringe Details wie Kamine, Antennen, Fenster, Tore oder Treppen an.

## 3. Hügellandschaft (Hintergrund)

- Reserviere eine Fläche von 6 cm (DIN A4) bzw. 12 cm (DIN A3) am oberen Bildrand für den Himmel.
- *Tipp:* Du kannst sie unbearbeitet lassen oder mit kleinen Wolkenstreifen versehen.
- Zeichne anschließend mehrere Hügelketten, die sich überschneiden.
- Gestalte Teile der sehr weit hinten liegenden Berge mit winzigen Strukturen aus.
- Bearbeite näher an der Stadtsilhouette liegende Flächen mit deutlicheren Linien (Felder) und Schraffuren (Abhänge) sowie winzigen Baumstrukturen.
- *Tipp:* Lass die Fläche unmittelbar hinter der Stadt unbearbeitet, um Ferne anzudeuten.

## 4. Ausarbeitung (Filzstifte)

a) Beginne zunächst mit dem Hintergrund, indem du mit feinzeichnendem schwarzem Filzstift Konturen nachziehst und die Strukturen der Vorzeichnung mit nur geringem Druck ausarbeitest.

b) Ziehe dann alle Häuserkanten mit dem Lineal nach und achte darauf, dass Hilfslinien verschwinden.

c) Versuche nun, die einzelnen Flächen so mit Mustern und Strukturen zu versehen, dass sie sich gut voneinander abheben.

d) Bearbeite zum Schluss den Vordergrund. Zeichne auch hier alle Linien, die du erhalten willst, mit feinzeichnendem schwarzem Filzstift nach.

e) Hebe dann in einem zweiten Schritt markante Kanten mit dickerem schwarzem Filzstift hervor, betone Schattenzonen und das Geländer / die Mauer der Terrasse.

# Übung: Strukturen (Boden, Wasser, Wolken)

## a) Boden

## b) Wasser

## c) Wolken

4 Landschaften und Gebäude zeichnen

# Projekt 2: Geisterstadt

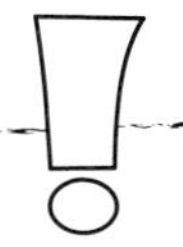

## Kurzbeschreibung

Die Schüler entwerfen verlassene und verfallene Häuser inmitten einer abgelegenen, öden Landschaft. Sie arbeiten mit schwarzem Filzstift in besonderer Weise splitternde Fassaden, Zäune, Dächer usw. heraus und legen durch unterschiedliche Strukturen das dazu passende Umfeld an.

## Jahrgangsstufe

5–10

## Zeitaufwand

2 Doppelstunden

## Lernziele

1. Methodenkompetenz: Strukturierung von Flächen, Darstellung von Boden- und Landschaftsformationen, Nähe und Ferne
2. Sachkompetenz: Umgang mit Bleistift und feinzeichnendem schwarzem Filzstift

## Hinweise

1. Steigen Sie in die Unterrichtseinheit ein, indem Sie Abbildungen von sog. Geisterstädten zeigen, z. B. im Westen der USA oder verlassene Fabrik- und Industrieanlagen.
2. Besprechen Sie, wie der Verfall deutlich gemacht werden kann: fehlende Türen, schiefe Fensterrahmen, herabgefallene Dachteile, überwucherte Eingänge usw.
3. Weisen Sie darauf hin, dass Wände und Dächer möglichst nicht mit dem Lineal, sondern von Hand gezeichnet werden sollen, um den gewünschten Effekt zu erzielen.
4. Achten Sie darauf, dass die Schüler die Fassaden deutlich, aber etwas „windschief" gliedern.
5. Geben Sie Tipps für die Gestaltung der Umgebung: kahle Hügel, schroffe Felsen, Steine, Sand, Unkraut und Büsche …
6. Setzen Sie neben der Strukturübung auch die Übung zu Bildaufbau und Perspektive ein.

# Projekt 2: Geisterstadt

**Material**
weißes Zeichenpapier (DIN A4), weicher Bleistift (B2), Radiergummi, feinzeichnender schwarzer Filzstift

## Anleitung

### 1. Gebäude

Nimm dein Zeichenblatt (DIN A4) waagerecht und entwirf mit Bleistift in der Mitte zwei bis drei verfallende Gebäude.

*Beachte folgende Tipps:*

- Zeichne sie neben- oder hintereinander.
- Skizziere sie mit der Hand.
- Entwirf sie mit Dächern und ohne Dächer.
- Lege Fenster mit und ohne Scheiben sowie Türrahmen an.
- Gliedere die Fassaden durch Bretter, Blechteile, bröckelndes Mauerwerk ...
- Füge Stufen, Treppen und Eingänge hinzu.
- Zeichne weiter im Hintergrund noch einige kleinere Gebäude.

### 2. Umgebung

a) Entwirf am oberen Bildrand die Silhouette einer Hügel- und Bergkette.

b) Gestalte den Vordergrund mit verfallenen Zäunen, Verschlägen, Steinhaufen, Felsbrocken und Grasbüscheln.
*Tipp:* Deute Details wie Steine und Halme nur an und arbeite sie erst später mit Filzstift aus.

### 3. Ausarbeitung

a) Ziehe alle Linien mit feinzeichnendem schwarzem Filzstift nach.

b) Betone Lücken und Löcher durch Schraffuren.

c) Strukturiere Bretter mit Holzmaserungen und Mauern mit bröckelndem Putz.

d) Gestalte den Hintergrund mit Schraffurfeldern und kurzen Linien.
*Tipp:* Lass die Fläche unmittelbar um die Häuser frei.

e) Lockere den Boden im Vordergrund durch kleine Punkte und Striche auf.
*Tipp:* Lass am unteren Bildrand einige Zentimeter der Fläche unbearbeitet.

f) Lege zum Schluss die Spitze eines weichen Bleistifts seitlich an und schraffiere in breiten Strichen einige Schattenzonen an den Häusern (Schummern): Fenster, Dachvorsprünge, Treppen ...

# Projekt 3: Landschaftsprofil

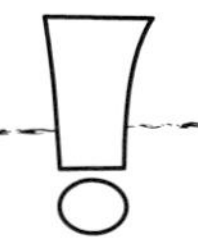

## Kurzbeschreibung

Die Schüler gestalten die Profilansicht eines Kopfes um, indem sie in horizontaler Lage durch hintereinander gestaffelte Hügelketten ergänzen und mit differenzierten Strukturen ausarbeiten. Der Himmel über der Horizontlinie wird durch Wolkenformationen aufgelockert.

## Jahrgangsstufe

7–10

## Zeitaufwand

2 Doppelstunden

## Lernziele

1. Methodenkompetenz: Wahrnehmung und Verfremdung, Perspektive durch Staffelung und Hell-dunkel-Anordnung, Schraffuren und Strukturen als Mittel der Flächengestaltung
2. Sachkompetenz: Linearer und flächenhafter Einsatz von schwarzem Filzstift

## Hinweise

1. Beginnen Sie die Unterrichtseinheit, indem Sie am Tageslichtprojektor das Entstehen eines Gesichtsprofils sowie durch Veränderung seiner Lage (90° im Uhrzeigersinn) dessen Verwandlung in eine Landschaftssilhouette demonstrieren. Sie können dazu auch alternativ die Kopiervorlage (Zeichenhilfe) als Folie in ihren verschiedenen Wahrnehmungsaspekten zeigen.
2. Schlagen Sie vor, das eigene Profil oder das eines Mitschülers, Freundes oder Lehrers als Ausgangspunkt zu wählen.

   *Tipp:* Fertigen Sie Kopien der Profile an, die dann zum Schluss zusammen mit den Ergebnissen präsentiert werden können.
3. Setzen Sie die Übung zur Darstellung von Boden, Wasser und Wolken als Orientierungshilfe für Schraffuren und Strukturen ein.
4. Weisen Sie darauf hin, dass eine einfache Bleistiftskizze spontan und ohne weitere Vorzeichnung mit feinzeichnendem schwarzem Filzstift zu einer aussagekräftigen Landschaftsdarstellung ausgearbeitet werden soll.

# Projekt 3: Landschaftsprofil

**Material**

Zeichenhilfe (Profil), weißes Zeichenpapier (DIN A4), Bleistift, Radiergummi, schwarzer feinzeichnender Filzstift, Lineal

## Anleitung

### 1. Profil eines Gesichts

Entscheide, ob du ein charakteristisches Profil (z. B. dein eigenes oder das eines Freundes) als Ausgangszeichnung wählst oder ob du ein beliebiges Profil entwirfst.

Nimm dein Zeichenblatt (DIN A4) senkrecht und skizziere in der Mitte die Konturen eines Gesichts in Seitenansicht.

*Tipps:*

- Es kann nach links oder nach rechts gerichtet sein.
- Lass zum unteren und oberen Rand einen Abstand (ca. 4 cm).
- Zeichne die Hälfte eines Ovals mit der Außenlinie als Hilfslinie (Zeichenhilfe Markierung 1).
- Beginne mit der Stirnpartie, die knapp hinter der Hilfslinie liegt (2).
- Bringe dort, wo das Auge sitzen soll, eine kleine Einbuchtung nach innen an (3).
- Die Nase ragt, je nach Größe, über die Hilfslinie hinaus (4).
- Zeichne den Mund darunter so ein, dass er leicht geöffnet ist. Die Unterlippe ist in der Regel etwas breiter als die Oberlippe (5).
- Skizziere das Kinn so, dass es über die Hilfslinie hinausreicht (6).
- Füge eine kurze Halspartie an (7).
- Bringe keine Schattenzonen an.
- Führe die Konturlinie zum unteren und oberen Blattrand hin fort.
- Ziehe sie mit feinzeichnendem schwarzem Filzstift nach und entferne die Spuren der Hilfslinie.

*Tipp:* Fertige eine Kopie deiner Zeichnung an, die du zum Schluss mit dem Ergebnis präsentierst.

# Projekt 3: Landschaftsprofil

## 2. Vom Profil zur Landschaft

a) Nimm dein Blatt waagerecht, sodass die Profillinie jetzt als Bergsilhouette quer über das Blatt verläuft.

b) Skizziere zunächst mit Bleistift weitere flache Hügelketten in die Fläche des Vordergrunds.

c) Deute über den Bergen Wolkenformationen an.

d) Platziere einen Meeresarm oder einen See zwischen die Hügel.

e) Beginne nun, den Charakter der Landschaft vom Hintergrund zum Vordergrund hin mit Schraffuren und Strukturen herauszuarbeiten.

*Tipps:*

- Verwende dazu einen feinzeichnenden schwarzen Filzstift.
- Orientiere dich an den Vorschlägen, die du in der Übung zur Darstellung von Boden, Wasser und Wolken findest.
- Lege Schraffuren oder Kritzelspuren in unterschiedlichen Richtungen an.
- Setze dazwischen Punkte oder kurze geschwungene Linien.
- Deute Felsspalten und Vegetation an.
- Gestalte weiter hinten liegende Partien mit zarten Strukturen.
- Betone Landschaftsteile im Vordergrund mit kräftigeren Strichen und deutlicheren Baum- und Felsformationen.
- Lass zu jeder neuen Hügelkette hin einen Streifen von ca. 1–2 cm unbearbeitet, um den stufenförmigen Aufbau zu betonen.
- Arbeite Wasserflächen und Wolken durch kurze parallele Linien mit dem Lineal heraus.

# Projekt 3, Zeichenhilfe: Landschaftsprofil

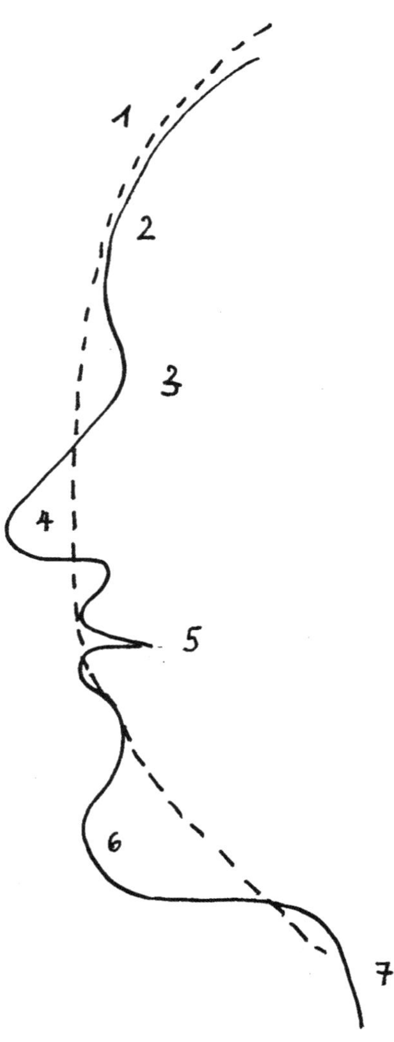

# Projekt 4: Baumhaus

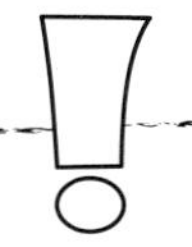

## Kurzbeschreibung

Die Schüler gestalten mit Bleistift und feinzeichnendem Filzstift ein Baumhaus, das auf einer Plattform ruht. Anschließend zeichnen sie mit Pinsel und schwarzer Tusche unter und über das Haus einen Baum, in dessen Geäst das Baumhaus verankert ist.

## Jahrgangsstufe

5–10

## Zeitaufwand

2 Doppelstunden

## Lernziele

1. Methodenkompetenz: Übereinanderlegen von zwei Zeichenebenen, Mischtechnik (Pinsel- und Filzstiftzeichnung), spontanes Zeichnen und Zeichnen mit dem Lineal, Hell-dunkel-Kontrast, Bildkomposition
2. Sachkompetenz: Umgang mit Tusche und Pinseln in verschiedenen Stärken, Einsatz von feinzeichnendem Filzstift

## Hinweise

1. Besprechen Sie im Klassenverband zuerst die charakteristischen Details und Funktionen eines Baumhauses: klein, meist aus Holz, Lage zwischen Ästen eines Baumes, nur über Leiter oder durch Klettern zugänglich, Rückzugsort oder Versteck ...
2. Weisen Sie darauf hin, dass der Verlauf des Baumstammes und der Äste zunächst nur durch einfache Bleistiftlinien angedeutet wird.
3. Achten Sie darauf, dass die Schüler das Baumhausmotiv komplett ausarbeiten, bevor sie mit der Pinselzeichnung (Baum) beginnen.
4. Ermuntern Sie die Schüler, die Äste und Zweige des Baumes mit schwarzer Tusche schwungvoll und spontan über das bereits fertiggestellte Motiv zu setzen.

   *Tipp:* Anstelle von Tusche kann auch schwarze Malkastenfarbe, die nur mit wenig Wasser verdünnt wurde, verwendet werden.

# Projekt 4: Baumhaus

**Material**
Vorlage (Baum), weißes Zeichenpapier (DIN A3), Bleistift, Radiergummi, Lineal, feinzeichnender schwarzer Filzstift, schwarze Tusche, Wassergefäß, Pinsel in verschiedenen Breiten (Nr. 6 / Nr. 3)

## Anleitung

### 1. Bildkomposition

Orientiere dich an den Arbeitsschritten auf der Vorlage:

a) Nimm Zeichenpapier (DIN A3) senkrecht und lege etwa in der Mitte der Fläche mit Lineal und Bleistift die Lage der Plattform fest, auf der das Baumhaus stehen soll (1).

b) Deute seitlich die Wurzeln und den Verlauf des Baumstammes sowie einiger Hauptäste an, die das Baumhaus tragen (2/3/4).

### 2. Baumhaus

Entwirf mit Bleistift ein kleines Baumhaus und beachte folgende Tipps:

- Zeichne es von vorn oder in Seitenansicht.
- Verwende ein Lineal.
- Gib dem Haus ein Flach- oder ein Giebeldach.
- Deute Bretter, Balken und Verstrebungen an den Wänden an.
- Bringe eine Tür und ein oder mehrere Fenster an.
- Gib der Plattform eine besondere Form.
- Zeichne eine Leiter oder Strickleiter als Zugangsmöglichkeit hinzu.
- Ziehe alle Entwurfslinien mit feinzeichnendem schwarzem Filzstift nach.

### 3. Baum

a) Tauche einen breiteren Pinsel (z. B. Nr. 6) in klares Wasser, bevor du schwarze Tusche aufnimmst.

b) Beginne den Baumstamm von unten nach oben zu zeichnen, indem du ihm eine gewisse Breite und Wurzeln gibst.

c) Zeichne mit kleinerem Pinsel (z. B. Nr. 3), immer in Wuchsrichtung, Äste an den Baum, die sich in alle Richtungen verzweigen.

*Wichtig:* Zeichne auch über das Baumhausmotiv hinweg, das sich auf diese Weise hinter den Zweigen verbirgt.

d) Achte darauf, dass alle Äste dort, wo sie herauswachsen, etwas dicker sind.

e) Tauche zum Schluss den Pinsel nochmals in Tusche und setze kleine Flecken und Punkte auf den Stamm.

# Projekt 4, Vorlage: Baumhaus

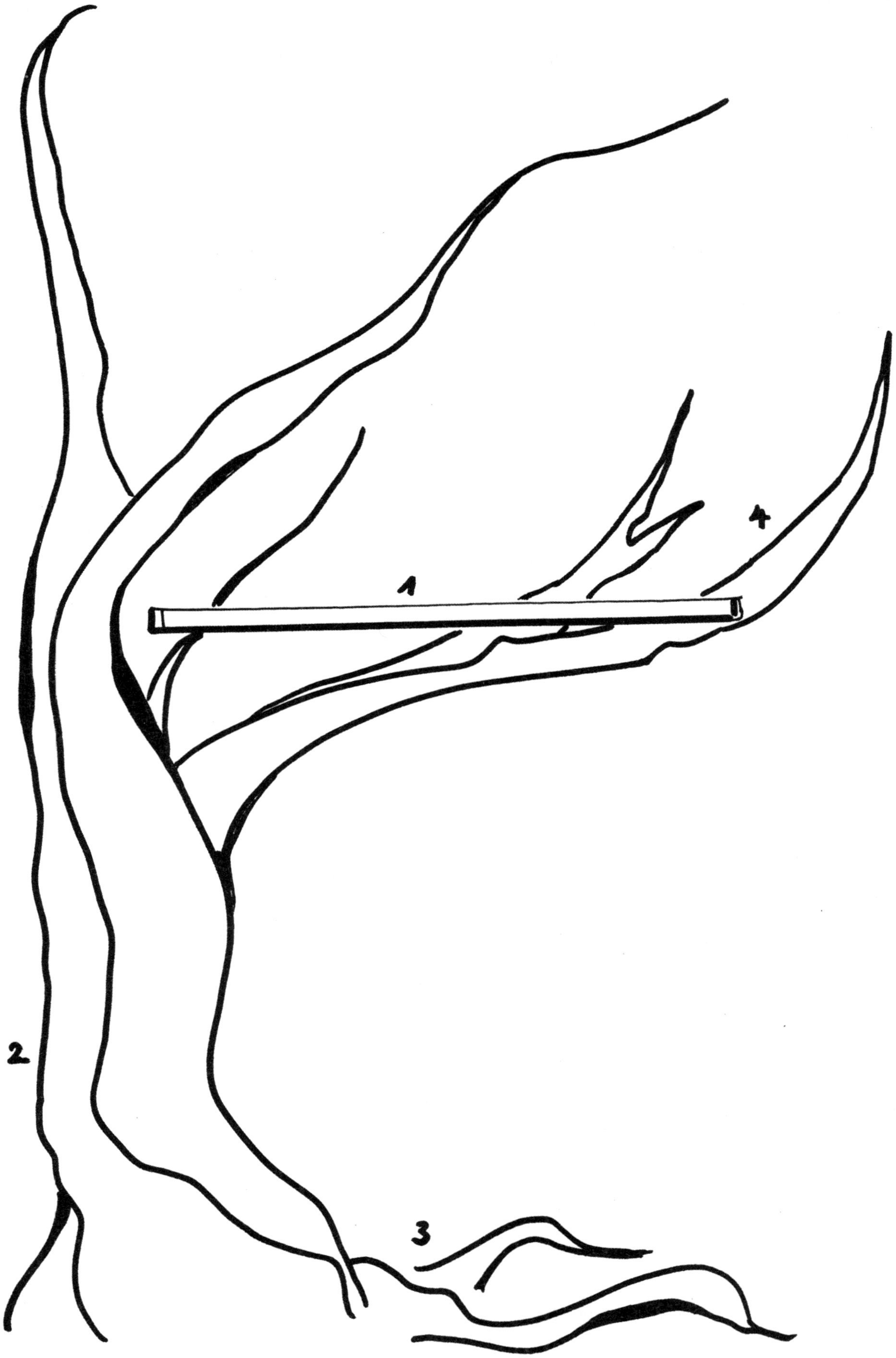

# Projekt 4, Lösungsvorschlag: Baumhaus

# Jederzeit optimal vorbereitet in den Unterricht?

»